Луиза Хей

Позитивный подход

Москва
«ОЛМА-ПРЕСС»
2004

УДК 159
ББК 88.6
   Х 35

Перевод *И. Лебедевой*

Предисловие *А. Маринина*

Оформление переплета *О. Кондратьева*

Хей Л.

Х 35   Позитивный подход. — М.: ОЛМА-
ПРЕСС, 2004. — 254 с. — (Исцеление души).
   ISBN 5-224-04719-6

   В книге «Позитивный подход» Луиза Хей говорит с
читателями о таком громком заболевании как СПИД.
Исцеление неизлечимых больных возможно, считает
она, нужно верить в жизнь, в любовь, в благополучие.
Спокойные, здоровые и свободные — такими должны
быть люди на нашей планете. Тексты Луизы Хей являются волшебным лекарством, способным исцелить и,
главное, предупредить болезнь. Книгу предваряет всту-
пительное слово известной писательницы Александры
Марининой.

УДК 159
ББК 88.6

ISBN 5-224-04719-6

Предисловие

Мы каждый день слышим о людях, зараженных вирусом СПИДа. Мы отводим глаза, и живем в убеждении, что эта беда не наша.

Тем не менее, вирус, пришедший на землю чуть более сорока лет, заставляет людей жить в страхе. Мир страха внутри нас — вот противник, с которым предлагает бороться Луиза Хей.

Нам говорят, что СПИД – это смертельный приговор. Это конец света. Это неизлечимое заболевание, как и рак. Луиза Хей заставляет в этом усомниться. Это всего лишь сигнал об опасности, утверждает она. Нужно лишь измениться, стать другими, полюбить себя и исцелить себя. «Когда человек меняется, то новая личность уже не нуждается в старых болезнях».

В старину, в северных русских деревнях, когда рождался хворый младенец, его «перепекали» в печи: младенца усаживали на широкую лопату и на несколько секунд отправляли в раскаленную печь. (Этот сюжет нередко встречается в русских народных сказках). Луиза Хей своими произведениями стремится разжечь огонь Любви, чтобы исцелить хворую Планету.

В каждой книге она учит нас, как это сделать. И верит: читатель непременно изменится, полюбит близких, себя, использует шанс, который дала болезнь, найдет собственный духовный путь, собственный позитивный подход. Луиза неутомима, незамысловатые упражнения, которые она предлагает проделать, кажутся порой забавными. Поговорить с собственным отражением в зеркале, дописать в соответствии со своим характером оборванные на середине фразы или записать на диктофон и переписать на бумагу собственные слова, представить позитивную картину события, которое хотели бы пережить. Мысленно поплавать в лодке по реке, войти в хрустальный дворец и встретиться с любимыми людьми. Уверяю вас: результат этих упражнений окажется совершенно неожиданным. Оказывается, многие из нас даже не подозревают, какими мы являемся на самом деле, сколько в нас скопилось обид, неуверенности, злости, гнева и подозрительности. И сколько же в нас нелюбви к самим себе! Волшебное лекарство, которое излечит от любой болезни — это радость и любовь.

Попробуйте выполнить все упражнения и рекомендации, приведенные в этой книге, беспристрастно посмотрите на результат и честно скажите себе, устраивает ли вас то, что вы увидели и поняли. Если устраивает — вы счастливый человек, которому в этой жизни ничего больше не нужно. Если же вы остались не вполне довольны увиденным, если почувствовали желание изменить себя, книга подскажет вам, как и что нужно сделать.

У вас все получится. Я вам обещаю.

Радости вам, любви и удачи!

Ваша Александра Маринина

ВВЕДЕНИЕ

Когда впервые стало известно о СПИДе, я думала, что знаю все ответы, однако с разрастанием эпидемии этого страшного заболевания, моя уверенность сошла на нет, хотя сочувствие и понимание выросли неимоверно.

Сейчас я смотрю на эту болезнь с глобальной точки зрения. В явлении, которое называется СПИД, скрыто намного больше, чем мы думали. И я не уверена, что мы сейчас настолько близки к пониманию его природы, чтобы полностью уничтожить СПИД.

Это заболевание касается не только людей из особой группы, — так называемой группы риска, — которых мы можем проигнорировать. Надеяться, что СПИД убьет нескольких людей, которые «не так уж и важны», означает зайти в тупик. Мы имеем дело с феноменом огромных масштабов. Фактически именно неоказание помощи первым жертвам СПИДа и позволило этому заболеванию вспыхнуть с такой пугающей силой.

Мне горько думать о тысячах гетеросексуалистов, которые заболели СПИДом только потому, что общество, правительство и церковь были так неповоротливы на начальном этапе его распространения. Каждое живое существо заслуживает любви и внимания. Один из самых важных уроков нашей жизни — это умение делиться безоговорочной любовью и принимать ее.

Сначала мы думали, что СПИД — болезнь гомосексуалистов-мужчин, так как впервые она была обнаружена в США в общинах геев («голубых»). Из-за этого мы позволили предубеждению и страху заслонить необходимость помощи страдающим людям. А сейчас мы прекрасно понимаем, что СПИД — беда всего человечества и он не привязан к какой-либо определенной группе людей. В некоторых районах Африки СПИДом поражено до сорока процентов гетеросексуального населения. Женщины, дети и даже младенцы болеют СПИДом. Несмотря на то, что эта болезнь передается и половым путем, это не венерическое заболевание: вирус обитает в крови и должен попасть в кровь, чтобы начать размножаться.

Я работаю с больными СПИДом с 1983 года, и за это время многое узнала и стала свидетельницей многих перемен. Как терапевт, я сталкивалась с различными мнениями. Когда СПИД впервые появился на сцене, люди звонили мне, чтобы сказать: «Луиза, у меня друг болен СПИДом. Что я могу ему сказать?» Вскоре я поняла, что если расскажу о своих идеях одному человеку, а он или она попытается объяснить их кому-то, кто слабо воспринимает абстрактные понятия, многое будет потеряно. И тогда я решила записать магнитофонную кассету, которая получила название: «СПИД: позитивный подход».

Кассета была рассчитана, в основном, на мужчин-гомосексуалистов. На одной ее стороне я описывала свои представления того периода о природе заболевания, а на второй были упражнения на расслабление с визуализациями и положительными аффирмациями. Эта кассета, записанная в августе 1983 года, была первой попыткой взглянуть на СПИД с позитивной точки зрения. Мало-помалу ко мне потянулись больные СПИДом — им просто больше некуда было идти.

В январе 1985 года я пригласила шесть больных СПИДом мужчин к себе на квартиру. В то врем я работала с некоторыми из них индивидуально, и один предложил, чтобы я создала группу, где мы могли бы обмениваться мыслями. Трое из моих клиентов согласились встретиться и привести троих друзей, которым тоже был поставлен «диагноз». Помню, как в тот первый вечер мы с моей помощницей приготовили ужин для этих шестерых, а потом сели рядом и сформулировали задачу группы.

Мы не знали, что конкретно хотим сделать, но это должно было быть чем-то позитивным. И я решила, что мы не станем играть в игру «Разве это не ужасно» — мы и так это знали по публикациям в газетах и телепередачам. Мы слышали, как медицинские светила признавались, что они бессильны, и все больные СПИДом умрут в течение года.

Мы решили найти позитивный подход: собрали все полезное, что знали о СПИДе, и поделились этим друг с другом. Если один из нас начинал чувствовать себя лучше, мы выясняли, что он делал для этого, и остальные пытались подражать ему. Узнав о правильном питании, мы тут же применяли эти знания на практике. Мы гнали обиды и просили прощения, изучали медитацию и визуализацию. Но в первую очередь мы учились любить себя.

Страх был самой серьезной проблемой, с которой сталкивался каждый из членов группы: страх перед неизвестностью, страх боли и страх смерти. Когда мы объединились в группу, это уже само по себе принесло больным облегчение. Как лидер я делилась с ними своей силой, и они обращались ко мне, когда у них возникали вопросы. Разумеется, я могла ответить не на все из них, но мои пациенты знали, что я тревожусь о них и хочу помочь.

В то время я была единственным человеком в мире, который давал хоть какую-то надежду. Я не обещала никаких особых результатов и не призывала уйти от врачей: все, что мы делали в группе, — это дополняли лечение, которое несчастные получали в различных больницах, или восполняли его отсутствие. В те дни находилось крайне мало врачей, рисковавших прикоснуться к больным СПИДом. По своему невежеству они были полны страха и предпочитали держаться в стороне вместо того, чтобы сопереживать больным и заботиться о них.

Когда первый вечер подошел к концу, я провела сеанс визуализации. Мы представили, что находимся в удивительно спокойном месте, где много исцеляющей энергии. Закончили мы встречу песней Дж. Джозефса «Я люблю себя». Тогда еще мы не знали, что будем заканчивать этой песней каждую встречу моей группы поддержки и что она приобретет достаточную популярность.

Уходя, каждый из членов группы чувствовал себя лучше. Они хоть ненадолго избавились от волнений и страха и больше не ощущали себя беспомощными жертвами. На следующий день некоторые признались, что впервые со дня постановки диагноза провели спокойную ночь.

На следующей встрече мы обсуждали другие проблемы, над которыми будем работать в дальнейшем: не только болезнь, но и страх, самооценка, вера в себя, гнев и злоба, чувство вины... Как сказать родителям, что их ребенок гомосексуалист и болен СПИДом. Мы обсуждали секс и безопасный секс. Как простить, как любить себя, хотя ты знаешь, что тебе вынесен смертный приговор. Недостатка в темах для обсуждения у нас не было, но больше всего мы хотели говорить о положительной стороне СПИДа.

Эта группа стала расти, так как ее участники привели своих друзей. Я купила большой электрический чайник, чтобы заваривать травяной чай. Через несколько месяцев уже восемьдесят пять человек толпились в моей гостиной, свисали из окон и стояли в дверях. Мы переехали в большее по размеру помещение, и на следующей неделе ко мне пришли уже сто пятьдесят человек! Мы по-прежнему встречались по средам, и к весне 1988 года на каждую встречу приходило до шестисот человек. Не все из них были больны СПИДом, часто появлялись друзья, любовники и просто любопытные. Приходили женщины и даже дети, медсестры, врачи, сотрудники хосписов и сторонники нетрадиционной медицины...

Врачи стали присылать к нам больных. У нас был один врач, который работал со многими больными СПИДом, и во время первого же визита рекомендовал больному трижды посетить наши семинары. Этот доктор знал, что намного легче работать, когда у пациента позитивный настрой.

Через два с половиной года из первых шести участников группы трое покинули нашу планету, а один ушел из группы. Оставшиеся двое по-прежнему со мной и прекрасно себя чувствуют. Те же трое, что умерли, сделали это спокойно, веря в завершенность своей миссии на Земле. Поддержка группы сыграла огромную роль в их жизни. Итак, мы добились того, чего и хотели: постепенно исправили качество своей жизни. Но самые важные изменения произошли в их сознании — изменения в мыслях и отношении к себе и к жизни. И я вижу это в своей группе вновь и вновь.

Недавно я прощалась с одним умирающим человеком. Я пожелала ему «bon voyage» (доброго пути) перед тем важным путешествием, что ждет его впереди, он поблагодарил меня и сказал, что я была его путеводной звездой два последних года и помогла ему превратить то, что должно было стать ужасающим испытанием, в нечто спокойное и полное духовного развития.

Было бы неправдой утверждать, что всем становится лучше: в группе есть люди, которые уже покинули нашу планету, и люди, которым плохо... Вместе с тем, у нас много людей, которые радикальным образом изменили «качество» своей жизни. У нас есть несколько! — всего несколько — человек, которые, похоже, победили СПИД. Врачи пока не соглашаются с этим. Они собираются выждать несколько лет и понаблюдать за ними.

Мы все еще не нашли универсального ответа, мы не можем сказать: «Поступай так-то и так-то — и ты излечишься», - однако мы знаем, что люди многое могут сделать, чтобы помочь себе. Некоторые методы лечения помогают одним больным и бессильны для других, и мы делаем все возможное, чтобы ознакомить членов нашей группы со всеми известными способами борьбы со СПИДом, чтобы они могли выбрать свой путь.

Мы заметили, что лучше всего с болезнью справляются люди, которые изменили свое питание и используют методы нетрадиционной медицины. Ученые изо всех сил стараются синтезировать яд, который убьет вирус, не причинив вреда больному, но увы — побочные эффекты этих лекарств часто разрушительны для больных, к тому же и сами препараты очень дороги.

Лично я считаю, что правительство обязано бесплатно раздавать лекарства всем, кто не может позволить себе их купить. Большинство больных СПИДом живут на пособие и редко когда имеют пару долларов к концу месяца.

В эту среду встреча нашей группы «Хейрейд», как мы это называем, будет посвящена не лечению, а поддержке друг друга. Мы собираемся в группе поддержки, чтобы быть вместе и помогать другим. Мы поем, медитируем, делимся успехами и страхами, занимаемся визуализацией и работаем над тем, как любить себя.

За те два с половиной года, что я веду группу, я наблюдала огромное число случаев исцеления сознания. Люди, которые когда-то пришли напуганными и отчаявшимися, сейчас с улыбкой контролируют свою жизнь. Они видят ее с новой стороны. Для большинства СПИД стал шансом изменить жизнь к лучшему. Когда люди чувствуют безусловную любовь, в них проявляются лучшие черты характера. Даже те, кто покинул Землю, сделали это намного спокойнее.

В наше время многие дети ощущают отчуждение в семьях, и это еще слабо сказано, если говорить о гомосексуалистах. Люди с нетрадиционной сексуальной ориентацией сталкиваются со всеми обычными проблемами взаимоотношений родители — ребенок, к тому же они должны скрывать свои наклонности из страха быть отвергнутыми или осмеянными. Сын или дочь боятся сказать родителям, кто они на самом деле, или сами родители, узнавая что их ребенок — гомосексуалист, в страхе и замешательстве отказываются даже разговаривать с ним.

За последние годы мы видели, как исцелились многие семьи. Люди, которые были чужими друг другу, воссоединяются вместе, окруженные любовью и прощением.

Сексуальное надругательство над детьми — это отвратительная вещь, которая часто встречается в нашем обществе. Я не думаю, что обычные люди знают, как часто гомосексуалисты, будучи детьми, подвергаются насилию.

Я не целитель, я никого не лечу. Я просто женщина, которая знает и учит силе любви, и это все, что я делаю. Иногда, если люди все-таки научились любить себя, они сами исцеляют себя. Как сказал доктор Берни Сигел: «Когда человек меняется, то новая личность уже не нуждается в старых болезнях».

Я давно знаю, что единственный способ справиться с такой проблемой, как СПИД, — позитивное, полное любви отношение к людям. Из этого кризиса мы должны извлечь очень важный урок. Я считаю, что речь идет о выживании всей планеты: СПИД — это один из видов загрязнения Земли. Это заболевание происходит от безнадежности и подавленности, или из «комплекса жертвы», как назвала это Кэролайн Мисс в своей книге «СПИД: путь к трансформации». Необходимость в подобных книгах — еще одно доказательство того, что мы лишены любви.

Множество людей просило меня записать то, что мы узнали во время наших «Хей-рейдов», чтобы они могли поделиться этим с другими. Многое из того, чем мы занимались, касалось слишком личных вопросов и это трудно выразить словами, потому что все шло от взаимоотношений внутри группы. Однако на последующих страницах я постаралась по возможности рассказать о наших открытиях в области заболевания под названием СПИД. Надеюсь, это будет полезно всем.

Если вы больны СПИДом и решили следовать моим советам, то знайте, что я не могу гарантировать вам выздоровления, но уверена, что если вы возьметесь за дело, то существенно улучшите свою жизнь. Я делюсь с вами знаниями, чтобы вы научились пользоваться своей собственной целительной силой. На своих семинарах и в группах поддержки я создаю атмосферу любви и понимания, в которой мы можем делиться друг с другом красотой нашего бытия, меняться и расти. И многие люди обнаружили, что они исцелили себя сами.

Часть 1

ЧТО ТАКОЕ ЗАБОЛЕВАНИЕ СПИД?

Глава первая
Что такое СПИД?

Аффирмация:

Это испытание закончится, подарив нам возможность для духовного роста!

Эпидемии сопровождают человечество на протяжении всего его существования. Они не наказание Господне, а результат нездоровых условий жизни как отдельного индивидуума, так и общества в целом. В тринадцатом веке население Европы недоедало и жило очень скученно. Солдаты, возвращавшиеся из крестовых походов, несли с собой микробы и вирусы, с которыми они никогда раньше не сталкивались. И через несколько лет голода людей поразила «черная смерть» — бубонная чума, за которой последовали другие эпидемии, в результате чего население Европы уменьшилось вдвое.

Рост населения США в начале этого века, как следствие иммиграции, привел к появлению условий, которые позволили сходным образом распространиться эпидемии гриппа, возникшей после Первой мировой войны. И вновь тяжелые условия жизни вместе с неконтролируемыми перемещениями людей в военное время спровоцировали болезнь и позволили ей распространиться, словно лесному пожару, в Европе, а потом и в США.

Необходимо также помнить и о стрессе военного времени. Это была война, которой мир еще не знал, с новым оружием и более страшными видами смерти.

Я считаю, что мы подвергаемся воздействию всего того, что окружает нас, и то, что мы подхватим, зависит от уровня нашего сознания.

Что мы думаем о жизни и о нас самих? Может быть, мы считаем, что «жизнь трудна, и нам всегда выпадает наихудшее» или что «жизнь полна войн и ненависти», или «я все равно плохой, так что какая разница?», или «я всегда знал, что умру молодым»? Если наши мысли созвучны этим высказываниям, наша иммунная система будет ослаблена, и мы легко подхватим любое распространенное на данный момент заболевание. Если же наша иммунная система сильна и здорова, то и тела будут автоматически бороться с любой болезнью, с которой мы столкнемся.

Эпидемия СПИДа

Не все оказываются жертвами эпидемии. Даже во времена царствования «черной смерти» многие люди так и не заболели. Также и СПИД — он поражает вовсе не каждого, кто с ним сталкивается. Я не думаю, что мораль имеет какое-то отношение к этому заболеванию: правила морали меняются от сообщества к сообществу, и то, что нормально и естественно в одной стране, неприлично и отвергается в другой.

В Америке, например, считается естественным, что женщина открывает лицо, руки и ноги, в Италии же ее могут не пустить в церковь с непокрытой головой и обнаженными руками. На Ближнем Востоке женщина подвергнется осуждению, а в некоторых случаях даже будет забита камнями до смерти, если просто появится на публике без чадры.

Многие утверждают, что СПИД — наказание Господне тем, кто не является гетеросексуалом. Это только один, и весьма ограниченный взгляд на ситуацию. А как же тогда быть с гетеросексуалами, у которых СПИД? Болезнь поражает и женщин, и детей... Если думать в этом направлении, получится, что избранные Богом люди — это лесбиянки, так как к настоящему времени у них почти не зафиксированы случаи СПИДа.

Рассматривать одну группу людей как лучшую или худшую, чем другая, означает жить в мире страха и иметь очень ограниченные взгляды. Представьте себе, что на нашей планете только один вид цветов, а ведь мы любим их именно за многообразие, когда каждый цветок красив по-своему. Как и среди растений, среди людей существуют разные группы, внутри которых можно найти бесконечное число вариаций. Так оно и должно быть! Каждый человек на нашей планете — это еще одно прекрасное творение Господа, и мы можем научиться видеть людей именно такими.

Чем не является СПИД

СПИД — это не заболевание гомосексуалистов, он просто пришел к нам из общин геев. Считается, что СПИД впервые появился в изолированных племенах Африки. Некоторые ученые считают, что он передался людям от зеленых мартышек. На каком-то этапе в Африку приехала группа гаитянских рабочих, а когда они вернулись на Гаити, то привезли болезнь с собой. Часть «голубой» общины Нью-Йорка и Флориды предпочитает отдыхать на Гаити. Эти мужчины подхватили вирус и привезли заболевание с собой, и оно начало свой путь в западном обществе. Таким образом, оно пришло к нам ЧЕРЕЗ гомосексуалистов, а не является их болезнью.

Авиация внесла существенный вклад в быстрое распространение СПИДа. Гаэтан Дугас — мужчина, которого ученые назвали «нулевой больной СПИДом», — был стюардом на международных авиалиниях.

В Сент-Луисе в хранившихся с 1969 года образцах тканей пятнадцатилетнего мальчика, умершего от неизвестной болезни, был обнаружен вирус СПИДа.

А истории все множатся. Я слышала версию о том, что СПИД возник, когда отделение ЦРУ, занимающееся биологическим оружием, случайно инфицировало пробы с гамма-глобулином.

Неважно, как это заболевание пришло к нам, неважно, кто его принес, — важно, почему оно здесь и как мы, создания Творца, должны действовать и извлекать уроки из брошенного нам природой вызова.

Поэтому, если вы ищете какие-то устрашающие факты, вы выбрали не ту книгу: и так уже слишком много пугающей информации прошло через газеты и телевидение. Пора послушать о положительных сторонах СПИДа.

СПИД — это не смертный приговор. СПИД — это не всегда смертельное заболевание. СПИД — не конец света, хотя многие именно так и думают.

Что такое СПИД?

Вирус.

Вирус — это отрезок нуклеиновой кислоты, хранящийся внутри защитной белковой оболочки, называемой капсидом.

Это не клетка — это просто субклеточная «инструкция» для размножения, и вирус именно это и делает — размножается.

Существуют четыре основных вида генетического материала, который вирусы используют для воспроизведения: одноцепочечные РНК или ДНК, двухцепочечные ДНК или РНК.

Проникая в тело, вирус находит себе клетку-хозяина, затем либо взрезает мембрану клетки «шипом», который имеется у него в капсиде, либо использует ферменты, чтобы разрушить клеточную мембрану и проникнуть в клетку. Оказавшись внутри, вирус пользуется механизмами клетки-хозяина, чтобы воспроизводить себя. Иногда вирус проникает в клетку и «впадает в спячку»: такое случается с вирусом герпеса и ретровирусом ВИЧ (вирусом иммунодефицита человека); для развития заболевания в этом случае требуется вспомогательный фактор, обычно стресс.

При проникновении инфекции в теле возникает так называемый «первичный иммунный ответ». На этой стадии в месте инфекции собираются В и Т-лимфоциты. В-клетки синтезируют антитела к вирусу, а Т-клетки распознают «нарушителя» (называемого антигеном) и обезвреживают его. Эти специализированные клетки творят чудеса с помощью антител!

Антитело — это белок. Под микроскопом он выглядит как буква «Y», имеет две цепочки, называемые «тяжелыми» и две, называемые «легкими». Их части образуют активный центр, который «распознает» антиген и связывается с ним, формируя комплекс «антиген — антитело», таким образом «обезвреживая» чужеродный фактор.

Вирус иммунодефицита человека (ВИЧ)

Это один из ретровирусов, которые поражают людей. Вследствие своего уникального процесса воспроизведения он является серьезным противником.

Генетический материал этого вируса представляет из себя одиночную цепочку РНК. Вирус несет с собой фермент, называемый «обратной транс-криптазой». Когда вирус попадает в клетку, он или затаивается, пока не вступит в действие вспомогательный фактор, или сразу же начинает размножаться.

В последнем случае обратная транскриптаза запускает синтез цепочки ДНК как зеркального отражения вирусной РНК, формируя промежуточный продукт, называемый ДНК/РНК комплекс. С этого момента вирус маскируется под генетический материал клетки-хозяина и затем создает двухцепочечную молекулу ДНК — совершенно отличную от оригинала, на основе которой и происходит синтез множества копий вируса.

Опасность вируса ВИЧ заключается в том, что его «жертвами» становятся те самые клетки, которые необходимы для иммунной реакции, — Т-лимфоциты. Убивая эти клетки, вирус уничтожает иммунную систему, вызывая состояние, которое и называется СПИД. Любая атака даже условно-патогенных возбудителей приводит к развитию тяжелейших заболеваний и угрожает жизни.

Положительная ВИЧ-реакция

Что сказать о людях, у которых выявлена положительная реакция на вирус, но нет СПИДа?

Многие из тех, кто контактировал с вирусом СПИДа, не заболеют, так как их сильная иммунная система немедленно уничтожит вирус.

Если вы обнаружили, что у вас положительная проба, — это еще не конец света: это просто сообщение вашего тела о том, что вы «сошли с катушек» и нуждаетесь в позитивных сдвигах в своей жизни. Наши тела хотят чувствовать себя хорошо и делают все, что в их власти, чтобы этого добиться. «Положительная проба» — это предупреждение, попытка нашего сознания войти с нами в контакт. Наша задача — обнаружить и уничтожить причину ухудшения здоровья. Если мы вовремя услышим это предупреждение, наше состояние может и не перейти в СПИД — лечение начинается тогда, когда мы отказываемся поверить в неизлечимость этого заболевания.

Если у вас положительная проба на ВИЧ, то это означает, что вы контактировали с вирусом. Это предупреждение от нашего высшего «я», которое говорит, что изменения должны быть сделаны НЕМЕДЛЕННО! Они могут происходить на многих уровнях: психическом, физическом и духовном. Жить, зная, что у вас положительный анализ — значит делать все возможное, чтобы укрепить иммунную систему. А сильная иммунная система никогда не позволит вирусу взять верх над вашим телом.

Если ваша иммунная система лишь слегка ослаблена, то, получив этот сигнал, вы сможете быстро вернуть ее в нормальное состояние — если, конечно, согласны на необходимые изменения. Категорически отвергайте «смертный приговор» — неважно, от какого авторитета он исходит. Доктор Берни Сигал говорил: «Научными исследованиями подтверждено: есть люди, победившие рак. Подражание их поведению существенно улучшит шансы больных раком — вне зависимости от тяжести, типа заболевания, возраста больного или его материального положения».

Рак очень схож со СПИДом, и к ним обоим можно применить одни и те же принципы лечения. Любое сообщение от нашего тела — это сообщение, которое мы делаем себе сами, и мы сами вольны или услышать его, или проигнорировать.

Никто чужой не подвергает нас риску заболеть. Мы, и только мы сами делаем это! Я говорю всем, кто еще здоров: «Прислушайтесь к сигналам об опасности! Примите меры! Вы подвергаете себя ненужному риску? Если да, то остановитесь! Подумайте, какие проблемы в вашей жизни могут быть решены. Вы с достаточной любовью относитесь к своему телу? Чувствуете ли вы безусловную любовь? Если нет — немедленно меняйте себя! Намного легче измениться, когда вы еще относительно здоровы, чем когда вы столкнулись со страхом и тяжело больны!»

Иммунная система тела — очень сложная, но сильная структура. Она способна с помощью антител создавать до восемнадцати биллионов различных кодов, чтобы атаковать чужеродные вещества. Поэтому естественно, что, встретившись с вирусом иммунодефицита человека, она быстро «прочитывает» его и создает подходящее антитело. И только ослабленное состояние тела виновно в том, что вирус берет над ним верх. Причина этого — в особенностях данного ретровируса. Так как он использует для своего размножения генетический код Т-клеток, ВИЧ способен менять свой антигенный код в некоторых случаях быстрее, чем наш организм успевает создать к нему новые антитела, чтобы защитить себя.

Но в большинстве случаев, созданные антитела могут удерживать вирус в латентном состоянии, так что у человека никогда не возникает СПИД.

ПредСПИД

Термин «предСПИД» на мой взгляд является слишком неопределенным. Человек, которому поставлен диагноз «предСПИД», может чувствовать себя так же плохо, как и больной СПИДом, быть не в состоянии обслуживать себя или ходить на работу, и все же он лишен социальных льгот и получает меньше помощи, потому что «менее болен».

Это самая настоящая дискриминация и еще один способ продемонстрировать отсутствие любви к страдающим людям. Для меня

СПИД и предСПИД — одно и то же, поэтому когда я употребляю термин «СПИД», то имею в виду и больных с предСПИДом.

СПИД

Я понимаю СПИД как послание нашего тела — последнюю его попытку войти с нами в контакт на той стадии, когда вы уже не можете просто проглотить таблетку и сделать вид, что ничего не произошло. Сейчас уже вы обязаны принять меры.

Нас учили, что можно выпить лекарство и заняться своими делами — неважно, была ли это легкая простуда или тяжелейший грипп. Присмотритесь к телевизионной рекламе: она нацелена исключительно на пренебрежение к самому себе.

Так много людей в течение долгих лет относились к себе как к двум личностям, словно говоря: «Вот я, а вот мое тело»! Это как раз та точка, где мы начинаем терять контакт с собой. Следующим логичным шагом будет: «Я могу делать что угодно со своим телом, и это не принесет мне вреда». На самом-то деле все совсем не так! Наступает поворотный момент, когда наше тело требует внимания к себе. Это происходит, когда мы получаем заболевание. Но многих из нас словно поражает глухота: мы отправляемся в аптеку и покупаем лекарство, чтобы оно «привело нас в норму».

Поступить так, означает сказать телу: «Я тебя не люблю и не хочу тебя слушать. Заткнись!» Подобное пренебрежение — один из многих способов, которыми мы выражаем ненависть к себе.

Когда я говорю о любви, люди часто соглашаются: «Да-да, разумеется, я люблю себя!» Хорошо. Если ты любишь себя, присмотрись, как ты к себе относишься. Разве это любовь? Цель заболевания — передать тебе некое сообщение. Когда речь идет о СПИДе, ты просто умрешь, если ничего не изменишь. Если ты согласен взять на себя ответственность и произвести позитивные изменения, твоя жизнь станет лучше, чем была до того, как у тебя был обнаружен СПИД. Если же ты продолжишь изображать из себя беспомощную жертву, тогда ты, скорее всего, закончишь так же плачевно, как это расписывается в газетах.

Лечение

Сегодня еще один совершенный день на Земле. Мы проживем его с радостью. Сейчас мы находимся в самом центре необычайного нового опыта, какого не было раньше. Мы на территории, полной белых пятен, плывем по водоемам, которых нет на карте, но мы не должны забывать, что нас защищают и направляют Небеса.

Мы не одни. Объединившись в любви, ища исцеления, мы обнаружим начало гармоничного соединения всех народов. Сейчас мы решили отбросить свои старые предубеждения и страхи. Мы знаем, что душа не думает о различиях полов и цвете кожи. Вся наша планета нуждается в исцелении для единства нашего сознания.

Настало время объединиться в своих усилиях изменить мир. Мы едины с той силой, что создала нас!

Мы спокойны, и все хорошо в нашем мире.

Глава вторая
Позитивный подход

Аффирмация:

В любви мы найдем все ответы!

В этой книге я часто рассказываю о больных, которым был поставлен диагноз СПИД и которые находятся в процессе излечения. Эти трогательные истории о людях, отказавшихся принять популярный медицинский вердикт о «смертельном заболевании», которые помогут вам найти в себе силы самому принять участие в своем лечении.

В Центре контроля за заболеваниями в Атланте, штат Джорджия, уверены, что нет двух одинаковых случаев СПИДа: каждый индивидуум имеет свою уникальную форму болезни. Таким образом, есть все основания считать, что и методов лечения должно быть так же много.

Изучив приведенные здесь способы исцеления, вы сможете найти описание конкретного метода, который поможет вам усилить свою целительную энергию. Эти люди решили рассказать о себе, чтобы помочь вам!

Методы, которыми они пользовались, хороши как для исцеления тела, разума и духа, так и для профилактики СПИДа и поддержания отличного здоровья.

История Джорджа

Джордж — двадцатидевятилетний красавчик шести футов и четырех дюймов росту, бывший манекенщик, с короткими, аккуратно подстриженными каштановыми волосами и проницательными голубыми глазами. После того, как мы познакомились поближе, — а это заняло довольно много времени, потому что вначале он был очень сдержан, — я обнаружила в нем великолепное сочетание скромности и властности, застенчивости и силы.

Его первыми симптомами СПИДа были неприятные ощущения в костях и постоянная боль внизу спины — тупое болезненное ощущение, которое трудно было описать врачам. В то время у него появились и ночные приступы потливости, легкая потеря веса, увеличение лимфатических узлов в паху...

Вначале его лечили экспериментальным иммунным стимулятором. Он не испытывал отрицательных побочных эффектов, но и положительных сдвигов в его самочувствии не было, хотя результаты анализов улучшились.

Джордж принимал поливитамины и без энтузиазма отнесся к советам диетолога, у которого консультировался: «Он не сказал мне ничего нового, потому что я готовлю себе именно так уже много лет». Он любит готовить и любит поесть, и готовит, что хочет. С его слов создается впечатление, что он придерживается исключительно правильного питания.

В начале болезни он обращался за помощью только к друзьям и родителям. Затем обратился в специализированный центр поддержки, но не получил того, что хотел. Тогда он попытал счастья в фонде Шанти, и был приятно удивлен их отношением.

«Я встретил там людей, которые очень мне помогли. Они помогали и другим, неважно, кто они были и в каком состоянии находились». После некоторого давления Джордж признался, что в настоящий момент является членом совета директоров этого фонда.

Еще до того, как он встретил этих людей, он самостоятельно занимался медитацией по утрам под музыку. «Я просто говорил себе, что я очень здоровый человек». О визуализациях он сказал: «Я использую простую методику со школьной доской. Я рисую на ней мелом, а потом стираю эти пометки: вот так же исчезают саркомы Капоши». Что касается духовных учителей, он был заворожен Стивом и Александрой Левиными, которые провели очень вдохновляющий семинар по СПИДу. Не стоит и говорить, что Джордж черпает вдохновение и в наших ночных Хей-рейдах!

«Луиза показывает людям, что они обязаны любить себя каждый день, потому что если они не сделают этого, все остальное рассыплется на кусочки. Вы не сможете полюбить другого человека, если не любите себя».

Одним из положительных аспектов СПИДа для Джорджа стало пробуждение его духовного сознания. «Мой духовный путь начался после диагноза. Мне было сказано: «Проснись!» Я не могу сказать, что СПИД принес с собой только плохое, — разве что необходимость иметь дело с врачами, больницами и раком».

Когда его попросили посоветовать альтернативную терапию, Джордж сказал, что ему помогло иглоукалывание, но самым лучшим советом он считает тот, который ему дала его онколог. «Она сказала, что самое важное — сохранить позитивный настрой, а я посмотрел на нее и спросил: «Вы шутите? Как можно сохранить позитивный настрой, когда имеешь дело с чем-то подобным?» А она ответила: «Попробуй — и все получится!»

Какое-то время я просто ходил в трансе, думая: «Осталось немного времени, и я уже этого ничего не увижу», а потом однажды ранним утром посмотрел на яркое солнце и понял, что должен со всем примириться. Если я собираюсь жить, то должен придерживаться позитивного отношения к жизни».

Самым важным для Джорджа сейчас является его духовное развитие и благополучие. Он много читает. Он также бегает каждый день — и не только ради физической нагрузки: во время бега он медитирует.

«Мне все время говорят, что я не похож на больного СПИДом. Я чувствую себя великолепно и выгляжу так же. Я не собираюсь умирать от СПИДа! Я настроен за пять-шесть лет победить болезнь, а пока меня, как и всех в Калифорнии, больше волнуют землетрясения».

Я встретила Джорджа через месяц после этого интервью и отметила, что он буквально светится. Когда я спросила его, почему он выглядит еще лучше, чем раньше, он объяснил, что только что получил результаты обследования, которые показали, что его иммунная система вернулась к нормальному состоянию.

Больны вы СПИДом или нет — знайте, что жизнь дает нам столько возможностей для позитивного взгляда на вещи! На планете так много еды, и все же многие люди недоедают. Мы уничтожаем еду, чтобы получить прибыль, тем самым моря голодом людей, которым мы способны дать нашу любовь.

На планете так много денег, что их нельзя сосчитать. Мы невероятно богаты, и все же многие люди почти лишены средств к существованию — хотя это не означает, что денег нет.

На Земле живут миллиарды людей, разных по внешности и по характеру, но мы слышим со всех сторон об одиночестве. Причина его — в страхе быть отвергнутыми. Нас лишают общения представления о собственных недостатках. Чтобы их уничтожить, мы должны уйти от нашего прошлого и того, что другие говорили нам о невозможности что-то сделать.

Моя работа стала для меня ступенью духовного роста. Мои представления о способности любви преображать жизнь стали еще сильней, чем прежде. Я обнимаю людей, на которых еще несколько лет назад не могла смотреть без ужаса: я избавилась от многих своих страхов, когда увидела, как мужественно держатся эти красивые молодые люди.

Настало время исцеления, достижения единения — а не время порицаний. Мы должны избавиться от ограниченного мышления прошлого. Я верю, что все мы — творения Господа. Пора сказать об этом во всеуслышание!

Лечение

Сегодня еще один совершенный день на Земле. Мы проживем его с радостью. Для каждой созданной нами проблемы есть свое решение.

Мы не ограничены нашим человеческим мышлением, так как всем нам доступна целая вселенная мудрости и знаний. Мы действуем от чистого сердца, зная, что любовь открывает все двери. Это сила, которая поможет нам встретить и преодолеть любой кризис в нашей жизни.

Я знаю, что любое заболевание, возникавшее когда-либо, было побеждено на Земле, значит, это может случиться и со мной. Я окружаю себя коконом любви, и я в безопасности. Мы едины с той силой, что создала нас.

Мы спокойны, и все хорошо в нашем мире.

Глава третья
Болезнь дефицита любви

Аффирмация:

Мы хотим открыть наши сердца!

Почему на планете появился СПИД? Я думаю, чтобы показать нам, что мы натворили со своими жизнями и со своей планетой. Наши физические тела и наш мир нуждаются в исцелении. Воздух загрязнен, а леса вырубаются. Мы по-прежнему затеваем войны и мучаем других людей. Наш организм отравлен химической пищей, сигаретами, алкоголем и разнообразными лекарствами. Мы живем в страхе перед ядерным Армагеддоном. Все это так похоже на болезнь! Поэтому я считаю, что вся наша планета страдает от своеобразной формы СПИДа.

Мы не прислушивались к мириаду сигналов, которые подавала Земля, и наши тела подвели нас. Мы бездумно идем вперед, заполняя свои тела алкоголем и наркотиками, нещадно эксплуатируя их. Естественно, что и к планете мы относимся сходным образом. Члены общества Анонимных алкоголиков знают, что некоторым из них надо полностью обессилеть, прежде чем они прозреют и изменятся.

Давайте поймем, что СПИД — это и есть потеря всех наших сил, и не станем ждать чего-то еще более ужасного, прежде чем начнем менять свою лишенную любви жизнь.

Катастрофы эти вызывают наше нежелание остановиться и прислушаться к предупредительным сигналам, которые посылает наше тело. Как следствие грядет довольно тяжелое испытание, которое заставит нас посмотреть на то, что мы делаем, на уровне как отдельного человека, так и всей общности людей. СПИД и есть это испытание. Каждое несчастье, которое мы преодолеваем, становится для нас уроком. Оно дает нам возможность исцелить себя и планету. Время пришло.

Я часто спрашиваю у членов своей группы: «Почему, как вы думаете, на нашей планете появился СПИД?» и «Почему, как вы думаете, вы заболели СПИДом?». Ответы часто следующие: «Болезнь дала мне шанс полюбить себя», «Сейчас я знаю, что меня любят другие люди», «Я нашел свой духовный путь», «Мне было необходимо кардинально изменить свою жизнь», «Я должен был узнать, что небезразличен людям». Или, как сказал один человек: «Когда я был здоров, я был по-настоящему болен. Сейчас, когда я заболел, я впервые в жизни чувствую себя хорошо».

Один мужчина испытал настолько сильное потрясение, что даже написал письмо своему СПИДу и дал мне его копию:

Дорогой СПИД!

Очень долго я был зол на тебя за то, что ты стал частью моей жизни. Мне казалось, что ты осквернил мою жизнь, и самой сильной эмоцией в наших отношениях был гнев!

Но сейчас я решил посмотреть на тебя с другой стороны. Я больше не злюсь на тебя. Сейчас я наконец понял, что ты стал позитивной силой в моей жизни. Ты — посланец, который принес мне новое понимание жизни и моей души. За это я благодарю тебя, прощаю и отпускаю с миром.

Никогда раньше никто не давал мне такую возможность. Ты даже не представляешь, как много мне дал. Ты дал мне импульс, в котором я нуждался, чтобы посмотреть на свою жизнь, увидеть ее проблемы и найти решения. Сейчас я осознал все те возможности, которые у меня есть.

С твоей помощью я научился любить себя, а как следствие — люблю других и любим ими. Сейчас я вижу такие грани своей личности, о которых раньше не подозревал. С того времени как ты появился, я вырос духовно и интеллектуально. Я стал любящим, честным и неравнодушным человеком. Поэтому еще раз спасибо за возможность поглубже заглянуть в свою жизнь. Как я могу не простить тебя, когда твое появление вызвало так много положительных эмоций?

Одновременно благодаря тебе я понял, что ты не властен надо мной. Я — владыка своего собственного мира. Поэтому, простив тебя, я отпускаю тебя из своей жизни.

Я принимаю и люблю себя таким, какой я есть. Я исцеляюсь и выбираю для себя прекрасное здоровье. И снова я благодарю тебя, прощаю и отпускаю тебя с миром.

С любовью. Пол».

От многих своих знакомых, больных СПИДом, я узнала, что именно отсутствие любви — любви к себе самим, любви к другим людям и любви других людей — сыграло огромную роль в том, что они заболели.

СПИД для меня — это заболевание дефицита любви. СПИД показывает нам, какими невероятно черствыми мы можем быть. Посмотрите, как мы относимся к больным СПИДом! Их часто отвергают, изолируют, бросают, отказывают им в помощи...

Это происходит даже с детьми и младенцами.

Вспомните тот позорный случай с поджогом в Аркадии, Флорида, в 1987 году: трое детей, больных СПИДом, были сначала исключены из школы, а потом, на волне ненависти и страха, толпа подожгла их дома, заставив их с родителями покинуть штат.

Мне кажется, всегда есть выбор между любовью и страхом. Если мы выбираем страх и сопутствующее ему поведение, то скатываемся вниз. Если мы выбираем любовь и возможности, которые она дарит нам, мы сможем исцелить всю планету. Выбор за нами. Будущее принадлежит только нам.

Какой выбор вы делаете каждый день? К чему приводит ваш личный выбор: к разрушению или исцелению планеты?

Эта дилемма поджидает нас, и когда мы не любим или разрушаем свои тела. Как мне кажется, большинство предпочитает их разрушать. В некоторых кругах стало привычным слишком много пить, принимать наркотики, недоедать, практиковать болезненный или неполноценный секс.

Одна из причин, по которой так много людей принимает наркотики или пьет, — это страх перед одиночеством. Перспектива в одиночестве справляться со своими чувствами пугает многих. *Мы научились глушить свои эмоции.* Мы глотаем горсти таблеток, чтобы избавиться от боли, и хватаемся за еду, алкоголь, сигареты и наркотики, чтобы избавиться от чувств.

Любая из вышеперечисленных причин, и тем более — их сочетание, может ослабить тело и иммунную систему. А тело с ослабленной иммунной системой легко подхватит самое распространенное на данный момент заболевание. Все это никак не связано с моральными устоями, поэтому давайте избавляться от комплекса собственной вины и стремления судить других! Давайте избавляться от вредных привычек! Давайте снова будем заботиться о наших телах и чувствах!

Интересно, что первыми жертвами заболевания СПИДом были представители сексуальных меньшинств или те, кто чувствовал себя неспособным постоять за себя: африканцы, гаитяне, геи, больные гемофилией, наркоманы, люди, перенесшие переливание крови и их дети.

Это люди, для которых характерны подавленные гнев и ярость по отношению к своим семьям или обществу в целом. Эти негативные эмоции сочетаются у них с чувством беспомощности и неспособности добиться каких-либо положительных сдвигов в своей жизни. Они еще не знают о силе своего разума!

Наш разум — очень мощный инструмент. Много раз уже говорилось, что мы используем только десять процентов нашего мозга. Задумывались ли вы когда-нибудь над тем, для чего нужны оставшиеся девяносто? Я считаю, что человек обладает скрытыми возможностями, о которых он даже не подозревает. Одни из нас способны видеть ауру, другие обладают даром ясновидения или другими, так называемыми, экстрасенсорными способностями; все мы слышали об астральных перемещениях... Если бы я могла использовать ресурсы своего мозга и полностью реализовать свой потенциал, я бы перемещалась через океан без самолета, исчезала в одном месте и появлялась в другом...

Я думаю, телепатия и другие подобные ей возможности будут доступны нам, когда мы узнаем их механизмы. Я верю, что в нас есть способности, которыми мы сможем воспользоваться, когда придет время.

Сейчас они недоступны нам, потому что мы еще не готовы. Мы можем с их помощью причинить вред друг другу, планете и всей Вселенной. Посмотрите, как мы сейчас относимся к другим людям! Нам надо оставить позади боль и страдания! Мы должны научиться безоговорочно любить себя и других!

Безграничная, безусловная любовь

Все великие учителя прошлого и настоящего говорили о ценности безусловной любви — того состояния ума, когда мы любим и полностью принимаем себя, а как следствие — можем любить и принимать других такими, какие они есть. Позитивные изменения в нашей жизни произойдут намного быстрее и легче, если мы подарим себе и друг другу любовь, лишенную условий, ограничений или оговорок. Когда большинство из нас усвоит этот урок и сможет делать это каждый день, мы будем готовы к следующему космическому шагу.

Уроки исцеления, которые несет «голубым» такое испытание как СПИД, — это уроки любви. Мы не можем быть разделены друг с другом, мы не можем пренебрегать собой и другими. *Любовь — это целительная*

сила, и единственный путь к любви — проще-
ние. Многие «голубые» примут это сообщение и пойдут по планете, исцеляя людей,
а это, в свою очередь, поможет снять барьеры между гомо- и гетеросексуалами.

Предрассудки и гнев

Когда часто сталкиваешься с предрассудками общества, легко поддаться гневу и ненависти. В конце концов, вы имеете на это
право, судя по тому, как они» себя ведут! Беда только в том, что человек всегда получает
обратно то, что он послал во Вселенную.
В наших группах мы учимся постоять за себя
и посылать любовь расстроенным людям.
Во многом подобное отношение возникает,
когда люди освобождаются от страха.

Напуганный человек забывает о любви.
Он может убежать от тебя, оттолкнуть, бро-
сить, попытаться избавиться от тебя, изоли-
ровать тебя или применить против тебя закон. Отвечать на это яростью и ненавистью
означает только усугубить ситуацию, что может привести к конфликту, и даже к войне.

Месть — всегда путь вниз, и если мы выбираем духовный путь внутреннего роста, наша
задача — остановиться и остановить других.

Поэтому мы берем самых ярых фанати-
ков, которые на самом-то деле — испуган-
ные и невежественные люди, и посылаем им
свою любовь. Мы берем родителей, ожесто-
чившихся к своим детям, и посылаем им любовь. Мы делаем все возможное, чтобы принимать людей такими, какие они есть, так же
как хотим, чтобы они принимали такими
и нас. Ни один человек не сможет причинить

нам вред, если мы любим себя. Причинить вред нам могут только наши собственные мысли.

Не пугайте себя своими мыслями, не растрачивайте свою энергию!

Хотя на раннем этапе СПИД наблюдался, в основном, в общинах геев, сейчас мы знаем, что он уже преодолел все барьеры и угнездился там, где есть подходящие для него условия. Плодородная почва для СПИДа — сниженная жизненная энергия, ослабленная иммунная система и, соответственно, депрессивный взгляд на жизнь, который берет начало в отсутствии любви к себе.

Что такое безусловная любовь? Упрощая, это способность любить себя и других без всяких оговорок и правил. Безусловная любовь — это идеальное состояние, к которому стремится наша планета. Это самый большой урок, который нам предстоит выучить, и он должен начаться с нас самих. Это означает принимать и себя, и других людей, и жизнь, не судя никого. Цветок, щенок, гроза, наши переживания существуют сами по себе. Если мы скажем: «Какой красивый цветок, или милый щенок, или отвратительная гроза, или ужасное переживание!», это уже будет нашей оценкой. Другой в ответ может возразить, что это уродливый цветок, проказливый щенок, долгожданная гроза или исцеляющее переживание... Все эти суждения зависят от нашего отношения к событиям.

Сказать, что у кого-то рыжие волосы, — это простое утверждение. Сказать, что у кого-то красивые или уродливые рыжие волосы — это оценка. Наше суждение исходит из нашего произвольного видения данного события или человека. Разве вы не замечаете, что судите и себя самого? Мы ведь постоянно говорим что-то вроде: «Мой нос слишком длинный» или «У меня слишком широкие бедра», или «Я недостаточно умен», или «Меня не любят таким, какой я есть», или «Я недостаточно хороший».

«У меня слишком длинный нос»... Для чего или для кого? Откуда мы взяли общепринятые стандарты носа? А знаете ли вы, что форма носа меняется у людей в разных частях нашей планеты? Неужели вы оцениваете свою значимость по форме бедер? *Если я чувствую, что меня не любят, то это значит, что я сам себя не люблю!* И кто сказал, что я недостаточно хорош; откуда я вообще это взял?!

Все это такая глупость! Мой нос дышит, мои бедра той формы, какой они есть... Да, я могу изменить форму носа или бедер, но это все равно не будет иметь никакого отношения к моей значимости или любви к себе! Я достоин любви, если я сам в этом уверен, и только мне решать, достаточно хорош я или нет.

История Брюса

«В возрасте четырех или пяти лет я был милым рыжеволосым малышом со множеством веснушек, который обожал музыку и танцы. Я верил в Бога, любил науку, и моим самым любимым развлечением было смотреть по телевизору мультфильмы.

Я вырос в семье среднего достатка, и мой отец был алкоголиком. Так как он часто отсутствовал, а мама работала на полставки, чтобы содержать семью, я проводил много времени в одиночестве перед телевизором.

В некотором роде, телевизор заменял мне любящего родителя.

Моей любимой программой были мультфильмы про морячка Попая, которые я смотрел каждый день. Он был одним из «хороших парней» а съев шпинат, мог победить всех врагов и даже завоевать любовь и одобрение Олив Ойл.

Маленьким мальчикам надо верить в героев, и сейчас я понимаю, как важен был для меня Попай — мой первый герой. Я считал, что настоящий мужчина должен быть именно таким.

Некоторые психологи полагают, что наши личности закладываются в пятилетнем возрасте. Мне кажется, это правда. Повзрослев, я превратился в гомосексуалиста, очень похожего на этого героя мультфильмов. Вместо того, чтобы есть шпинат, я потреблял наркотики и алкоголь, и с их помощью мог справиться с любой бедой и даже разбить множество сердец субботними вечерами в сауне...

Я обычно прятался за кожаными брюками, бейсболками и ковбойскими ботинками. Со всем этим маскарадом, а так же наркотиками и алкоголем я жил по стандартам мультфильмов. В результате, я забросил себя, становясь все более одиноким и чужим тем самым людям, с которыми хотел быть близок.

Сегодня я понимаю, что я не герой мультфильма, и что жизнь — не маскарад. Напротив, теперь я очень заботливый и полный любви мужчина, с настоящими потребностями и чувствами.

Это понимание пришло ко мне после посещения групп поддержки больных

СПИДом, а также после индивидуальных занятий с психотерапевтом.

Меня предупредили, что результаты анализов говорят о сниженной функции иммунной системы и что есть много людей со сходными анализами, которые чувствуют себя хорошо и не больны СПИДом.

Получив результаты, я впал в панику, однако, посещая группу поддержки, смог обратиться за помощью к другим людям и разделить с ними свои чувства.

Сегодня я в своей жизни принимаю только любовь. Я использую аффирмации и трачу много времени на то, чтобы обнять себя и полюбоваться милым невысоким парнем, который смотрит на меня, когда я стою перед зеркалом.

Сегодня я стал для себя любящим родителем. Я избавился от желания быть кем-то другим.

Я искренне рад, что нашел силы, чтобы помочь себе и что нахожусь в процессе перерождения. Освободившись от того, что мне мешало, я теперь могу быть самим собой.

Я люблю себя, я люблю всех, и я доверяю нашей Вселенной».

Мы гадаем, как преодолеть трудности, что встречаются в нашей жизни. Признания Брюса показывают, что все они возникают потому, что мы не любим и осуждаем себя. Если мы как индивидуумы относимся к себе с безоговорочной любовью, тогда и наши переживания перестают быть негативными. Мы можем научиться принимать других, не ставя им никаких условий, позволяя им быть теми, кто они есть, любить их, как они учатся любить себя.

Если все мы начнем практиковать безусловную любовь, я уверена, что через два поколения мы сможем превратить нашу планету в совершенно безопасное место.

Каждый из нас так или иначе страдает от дефицита любви. Некоторые страдают от этого с самого рождения. Если в детстве нам редко разрешали любить и уважать себя, тогда и став взрослыми, мы скорее всего откажем себе в этом. Если нас учили, что мы недостойны любви, тогда мы, вероятно, станем смотреть на себя как на бесполезные и никому не нужные существа. Эту никчемность мы можем выражать сотнями способов: мы можем стать наркоманами и постоянно загонять себя в состояние, когда не надо ни о чем думать, тем самым каждый день наказывая свое тело.

Это ощущение собственной никчемности может заставить нас стать проститутками — ведь «если я все равно плохая, какая разница, что я делаю со своим телом».

Если мы считаем себя неспособными вызвать любовь у других, мы можем стать распутниками, лишь бы заполнить болезненную пустоту внутри. Я думаю, что популярная в последние годы неразборчивость в связях, как среди гетеро-, так и среди гомосексуалистов, идет от нашего страха перед близкими отношениями. Легко запрыгнуть в постель, гораздо труднее быть открытым, честным и по-настоящему близким с другим человеком.

Да, сексуальная революция в прошлом дала нам разрешение быть более раскованными в сексе, и для некоторых это стало смыслом жизни, так как это намного легче, чем иметь дело с настоящими взаимоотношениями.

Лечение

Сегодня еще один совершенный день на Земле. Мы проживем его с радостью. Мы с благодарностью и радостью примем этот подарок. Мы понимаем, что у нас слишком мало времени, чтобы тратить его на прошлое. Поэтому мы погрузимся вглубь себя и любящим взглядом окинем все темные уголки души, где затаились боль и страх. Мы больше не хотим, чтобы они задерживали нас! Мы заглянем в свои сердца и принесем с собой щедрый свет любви, которая горит внутри нас. Мы позволим этой любви, лишенной осуждения и напрасных ожиданий, наполнить наше тело, наш мозг и наше сознание.

Свет любви растворит все чужеродное. Мы избавимся от старого хлама — он не может существовать сам по себе, ибо в нем нет истины: это просто старые воспоминания о событиях, которые больше не существуют, и пусть они исчезают из наших жизней. Мы едины с той силой, что создала нас.

Мы спокойны, и все хорошо в нашем мире!

Глава четвертая
Делаем выбор

Аффирмация:

Мы гораздо больше любых проблем,
мы — их решение!

Если мы выбрали заболевание, можем ли мы выбрать его лечение? Вспомните, что так называемый «выбор» заболевания редко происходит на уровне сознания: он идет из наших глубинных представлений и привычных способов мыслить, вести себя и говорить. Эти привычки провоцируют негативные действия и создают атмосферу, в которой процветают заболевания. Давайте проанализируем наше поведение и подумаем, что мы можем сделать, чтобы изменить свою жизнь!

Ваша единственная цель — выздороветь? Это бесполезно, потому что если вы не измените то, что лежит в основе вашей болезни, простое излечение тела не принесет результата. У нас, однако, всегда есть шанс, и знать это крайне важно.

Слишком многие думают, что мы навсегда останемся там, где мы есть, и тем, кто мы есть. Это неправда: у нас всегда есть выбор! Каждый момент каждого дня мы делаем свой выбор. Мы выбираем, как дышать и ходить, садиться и одеваться, есть и общаться с другими людьми. Существует и глобальный выбор — стиля жизни, партнеров, работы, и даже нашего здоровья. Какие же из ваших ежедневных действий помогают укрепить здоровье, а какие способствуют вашему скатыванию в болезнь? Если мы выбираем мысли, которые приводят к хорошему отношению к себе самому, тогда наши действия будут, скорее всего, позитивными. Если мы выбираем мысли, которые снижают нашу самооценку, мы скатываемся к негативным переживаниям.

То, что происходит с нами каждый день, берет начало в нашем выборе, с того самого мгновения, когда мы решили снова прийти на эту планету. Я думаю, что мы заранее (еще до своего появления на свет) знаем, какие нас ждут социальные и семейные проблемы. И сами выбираем способ с ними справиться. Неважно, что говорят семья или общество, — мы все решаем сами, включая и то, будем ли мы вообще прислушиваться к их мнению. Мы приходим на нашу планету в определенное время, чтобы пройти определенные испытания, которые помогут нам на нашем духовном пути.

Редко кто сознательно выбирает болезнь, а вот подсознательно — многие: им требуется болезнь, чтобы удовлетворить какую-то потребность. Есть много причин для того, чтобы заболеть. Например:

вера в то, что вы склонны к заболеваниям;

вера в то, что болезнь неизбежна;

невежество в отношении здорового питания;

способ избежать чего-то. «Они не могут ожидать от меня этого, потому что я болен»;

чтобы уйти с работы;

чтобы отдохнуть;

чтобы тебя жалели;

чтобы узнать, кто тебя действительно любит;

чтобы попросить вещи, которые, как вы чувствуете, вы не заслужили бы в других обстоятсльствах;

чтобы о вас заботились;

чтобы удержать кого-то около себя;

чтобы получить разрешение сделать что-то, что вы всегда хотели сделать, но не успевали;

как извинение ваших неудач;

наказание самого себя за то, что «недостаточно хорош»;

наследственная реакция на стресс;
не зная, чем бы еще заняться.

Мы можем даже «нуждаться» в уродстве, которое сопровождает болезнь, чтобы нас любили не за внешность, а за нашу внутреннюю сущность. Последнее — интересное наблюдение, сделанное у некоторых исключительно красивых людей: ими обычно так восхищаются за их красоту, что они часто думают, что всем наплевать на человека, который внутри. Они жаждут, чтобы их ценили за ум или способности, а не за внешность.

Эти люди иногда хотят быть обычными или даже непривлекательными. Временами они сознательно выбирают действия, которые помогут им уничтожить свою красоту, либо культивируют болезнь, чтобы узнать, кто их действительно любит. У красивых людей тоже есть проблемы... Безоговорочная любовь и признание одинаково важны для всех нас.

Карма

Мы так часто слышим о карме. Что же она действительно означает в нашей жизни?

Карма — это просто-напросто закон причинно-следственных связей: что мы отдаем, то и возвращается к нам — в мыслях, словах и действиях. Каждое следствие должно иметь причину. Бумеранг все время возвращается в начало пути.

Это представление имеет положительные и отрицательные стороны. Все хорошее в нашей жизни — это тоже карма, которую мы создали таким же образом как создали все плохое.

Мы не привязаны к карме, поэтому когда меняемся, то расстаемся с нашей старой кармой. Слишком много людей рассматривают карму как оправдание своему нежеланию меняться. «О, это все моя карма, она была со мной всю жизнь... Я тут ничего не могу поделать». Ну и что? Неважно, как долго в прошлом вас сопровождали несчастливые события, — наша сила всегда связана с настоящим. Мы и только мы можем произвести изменения, которые требуются для уничтожения плохой кармы.

В чем же заключаются эти изменения? В том, чтобы остановить те действия, которые создают и воссоздают наши проблемы. Никто не станет работать за нас, мы сами создаем свой мир! Если причина проблем — в нас самих, мы должны измениться. Вы издеваетесь над своим телом? Над другими людьми? Вы грубо разговариваете с окружающими? Вы страдаете от ревности? Жалуетесь и постоянно обвиняете кого-то? Тогда знайте, что человек может и должен меняться! Вы чувствуете себя жертвой? Верите в неизбежность страданий? Тогда избавьтесь от этой веры! По крайней мере, вы можете захотеть это сделать.

Если вы заметите, что действуете по старинке, в соответствии со своей старой кармой, — остановитесь! Напомните себе, что вы теперь другой человек, начните менять свои мысли, слова, действия. Помогут даже небольшие изменения в мышлении.

Самое главное — человек не должен бранить себя и чувствовать вину из-за неприятностей. Прошлое исчезло и забыто, это труп настоящего, и мы должны похоронить его, покончить с ним быстро, с любовью и радостью. Пусть страдание останется в прошлой жизни!

Мы все здесь для того, чтобы учиться и расти. Не ограничивайте себя этой книгой, читайте другие книги, слушайте записи, ходите на занятия, если можете. Вы услышите от разных людей те же самые послания, только сказанные другими словами. Погрузитесь в учебу — это для вас благо. Вы можете стать настоящим специалистом в том, как улучшить качество своей жизни!

Когда вы хотите учиться, возможности этого сыплются дождем. Послушайте, что говорят другие, посмотрите на их жизнь. Найдите связь между тем, что они говорят, и тем, что они пережили. Станьте своим собственным учителем! Каждый человек обладает достаточной мудростью и способностью к духовному росту.

Мы не привязаны к нашему негативному выбору

Хотя многие из нас и ошибались в прошлом, мы не привязаны к этим ошибкам. Мы всегда можем измениться, можем «выбросить» представления, которые «не работают», и создать другие. Например, люди часто верят, что они «недостаточно хороши», и, как следствие, плохо к себе относятся. Если выяснить, откуда взялось это представление, то обнаружится, что оно, как правило, исходит от родителей или человека, который казался нам очень важным в раннем детстве. Сейчас, будучи взрослыми, мы можем признать, что это мнение было ошибочным и не относилось к нам. Затем мы можем начать любить себя, и автоматически наше мышление и поведение станут более позитивными.

Возможно, в прошлом вы бессознательно выбрали поведение, которое привело к болезням, и тяжело переживали следствие этого выбора. Однако сейчас вы можете выбрать здоровье и выучить, что лучше всего подходит для поддержания отличного самочувствия.

Слишком часто люди бессознательно следуют по пути ухудшения здоровья, пока не наступит кризис, и тогда они наконец осознают, что у них был выбор. Они начинают гнаться за здоровьем, ожидая мгновенных результатов, и не могут понять, что пройдет много времени, прежде чем им удастся повернуть вспять годы саморазрушения. Иногда они отчаиваются и возвращаются к старому, лишая себя последнего шанса на выздоровление.

Намного проще выбрать здоровье, когда вы еще не подхватили заболевание и не нужно восстанавливать разрушенное. Я обычно говорю своим пациентам: «Легче избавиться от наших негативных эмоций до того, как перед нами замаячит нож хирурга. В противном случае придется иметь дело и с паникой». Разумеется, изменения могут происходить в любое время: мы живем в настоящем, и меняемся в каждый данный момент времени.

Выбор здоровья включает в себя освобождение от старых предрассудков, так же как и от ярлыков других людей, которые мы таскаем на себе. Именно эти негативные стереотипы и ведут к заболеванию. Расстаться со старыми обидами и простить всех, кто когда-то причинил вам боль, принять решение любить и принимать себя — значит, сотворить чудо и улучшить не только свое здоровье, но и всю свою жизнь. Внутренняя свобода, которую мы ощущаем, когда начинаем меняться, — это часть нашего самоизлечения.

История Вальтера

«Я любящий и щедрый человек», — сказал Вальтер, когда его попросили описать себя. Он редко хвастает своей победой над СПИДом: он находится в ремиссии с 1984 года. Ему тридцать пять лет, он родом из Нью Джерси, и буквально заряжен энергией.

«Перед тем как мне поставили диагноз, я был недоволен жизнью. У меня только что кардинально изменилась работа: я уволился с должности служащего, переехал в Нью-Йорк и начал работать парикмахером в театре и на телевидении. Я принимал наркотики, шлялся по вечеринкам и почти не спал. Я вовремя понял, что ожидает меня в будущем, если не остановиться. Я знал, что если останусь в Нью-Йорке, то умру. Поэтому и вернулся назад, в Калифорнию, где до этого прожил пять лет».

Это был июль 1982 года, и в то время у Вальтера появились сильные головные боли, потеря веса и ночные приступы потливости. «Я пошел к врачам, которые решили, что у меня вторичный сифилис, и лечили меня лошадиными дозами пенициллина; думаю, тогда все и произошло. Я заблокировал тот период в своем сознании, однако в результате этой врачебной ошибки мое здоровье сильно пошатнулось».

В ноябре 1982 года он впервые заметил, что лимфатический узел в паху увеличился до размеров мяча для гольфа. Биопсия показала, что это саркома Капоши. Тогда он отправился в клинику и прошел полное обследование, чтобы определить, есть ли у него поражения внутренних органов.

Тесты подтвердили поставленный ранее диагноз, так как было выявлено поражение желудка. «Мне оставалось либо вообще ничего не делать, либо принимать интерферон, либо провести химиотерапию. Я выбрал второе. Начал с низкой дозы — шесть миллионов единиц ежедневно, внутримышечно. Когда через два месяца лечение не принесло результата, я переключился на девяносто три миллиона единиц внутривенно. Я отправлялся в больницу в понедельник и оставался там до пятницы, и так каждую неделю в течение всего 1983 года. В начале 1984 я перешел на амбулаторный прием».

Хотя пораженные участки начали исчезать, Вальтер не выдержал и прекратил лечение: препарат вызывал сильные боли в мышцах, очень высокую температуру и озноб, так что врачи были вынуждены давать ему морфий.

«Я был очень слаб и проводил большую часть времени в постели». Вскоре после прекращения лечения Вальтеру сообщили, что у него полная ремиссия, и это состояние не менялось с 1984 года.

Витамины не играют значительной роли в его лечении. «Я принимаю одну таблетку в день». Что касается питания. «Я ем все, что могу, но питаюсь действительно правильно — пища не обязательно здоровая, но полезная. В начале болезни я потерял в весе, поэтому приказывал себе есть, хотелось мне этого или нет». В результате Вальтер весит 190 фунтов при росте пять футов и восемь дюймов.

Что касается духовного наставничества, то Вальтер в основном опирается на себя и своих друзей.

Во время болезни Вальтер почти не получал помощи от семьи: его брат не позволял ему приезжать в гости, а мать, которой за семьдесят, чувствовала себя неважно и не понимала, что происходит. В большей степени поддержка приходила от его друзей.

«Я был тогда страшно напуган, но уверен: мое излечение было вызвано упрямством. Какая-то частица меня говорила, что у меня заболевание, с которым мне не жить, но другая частица верила, что я не умру, и она была сильнее. Я отказался умирать».

Вальтер рекомендует делать то, что вам подходит, и не следовать слепо советам других. «Не покупайте то, что вам навязывают, делайте только то, в чем уверены. Я думаю, больше всего мне помогли мое упрямство и отказ поверить, что я умру. Я не пытался кардинальным образом поменять жизнь — например, я не стал вегетарианцем. Я не стал насиловать свое тело и разум, пытаясь изображать из себя некое нереальное существо, которое излучает только любовь. Я старался, но в разумных пределах. Я делал то, что считал нужным для себя, не обращая внимания на мнение других людей.

Человек не имеет права говорить: «Моя жизнь не удалась, поэтому я стану кем-то другим». Многие люди, меняясь, только скатываются вниз и превращают свою жизнь в сплошную ложь».

Сегодня Вальтер живет по-настоящему, следуя своей мечте и полностью наслаждаясь жизнью.

Лечение

Сегодня еще один совершенный день на Земле. Мы проживем его с радостью. Мы видим проблему, зная, что обязательно найдется ее решение — внутри нас есть все ответы. Мы едины с Разумом, который везде одинаков. Мы выходим за пределы ограниченного мышления человеческого разума и соединяемся с бесконечным, Небесным Разумом, которому все подвластно.

Имея такие возможности, решениям несть числа! Мы в безопасности и знаем, что едины с той силой, что создала нас.

Мы спокойны, и все хорошо в нашем мире!

Часть 2
ИСЦЕЛЯЕМ СЕБЯ

Глава пятая
Исцеляющая сила изменений

Аффирмация:

*Наша готовность изменяться творит
чудеса в нашей жизни!*

Исцеление — это путь к цельности. Есть
множество областей нашей жизни, которые
требуют исцеления. Очень часто это тело,
но еще чаще — сердце. Нуждаются в лечении наши чувства и наши отношения с другими людьми, наши представления о самих
себе и даже банковский счет.

Я обнаружила, что большинство больных
СПИДом, которые очень строго следовали
медицинским предписаниям, излечивались
плохо.

Медицинское сообщество признает свое
бессилие, поэтому экспериментирует с лекарствами, которые обладают множеством побочных эффектов и могут быть очень разрушительными для и без того ослабленных тел.

Из числа моих знакомых, больных
СПИДом, те, кто выбрал альтернативные
методы лечения, чувствуют себя намного
лучше тех, кто следует медицинским предписаниям, позволяющим вводить в тело разного рода лекарственные яды. Эти альтерна-

тивные методы включают в себя гомеопатию, акупунктуру, правильное питание, огромные дозы витаминов, фитотерапию, медитации, визуализации, посещение групп поддержки и поиск духовного пути, который дает ощущение спокойствия и душевного комфорта.

Изменения

Изменения происходят непрерывно: каждый новый глоток воздуха отличен от предыдущего; меняются времена года и мы вместе с ними. И все же многие из нас боятся меняться. Мы хотим, чтобы мир изменился, но сами цепляемся за отжившие свой век привычки. Все мы — в процессе постоянного обновления, и когда сопротивляемся этому, то отказываемся принять в свою жизнь нечто очень ценное. Так же как мы едим пищу, перевариваем ее и избавляемся от отходов пищеварения, так мы сталкиваемся с событиями, переживаем их, а затем оставляем в себе только то, что нам пригодится в будущем. После чего наступает черед новой пище и новым событиям.

Если мы хотим измениться, то должны поменять свои мысли и представления, потому что как только они изменятся, станет другой и наша жизнь. У всех нас есть какие-то области жизни, где все идет благополучно, — значит, система наших представлений о жизни и ее ценностях в этих областях позитивна. Нет необходимости выбрасывать то, что работает: мы должны найти те сферы бытия, где чувствуем себя неуютно. Просто измените то, что не работает, или что может работать лучше!

Мы не обязаны знать точно, *как* мы должны меняться. Достаточно просто *захотеть,* сказать себе нечто вроде: «Это мне не помогает, я хочу измениться и готов сделать все, что для этого потребуется». Или: «Я сейчас поворачиваю свое сознание с болезни на здоровье, с горечи на спокойствие, с ненависти на прощение».

Вы одни знаете, в каких изменениях нуждаетесь. Скажите об этом в своих аффирмациях.

Сила

Мы — могущественные существа. Мы можем этого не понимать, потому что слишком часто отдаем контроль над нашей силой другим. И все же стоит не забывать, что мы единственные мыслители в нашем разуме. Неважно, что другие говорят нам, — мы сами решаем, принять что-то или отвергнуть. Наша сила заключена в наших мыслях, потому что именно они обладают созидательной энергией.

Мы теряем свою силу через чувство вины, когда не в состоянии сказать «нет», или пытаясь угодить остальным, чтобы нас больше любили... Возможно, мы живем по шаблонам наших родителей, любовников или супругов, наших врачей, друзей, нанимателей или церкви. Это еще один способ сказать: «Я недостаточно хорош», который порождает ненависть к себе и отрицание себя.

Когда мы больны, то часто отдаем свою силу врачам и другим медицинским авторитетам. А лишенному силы человеку сложнее исцелить себя. Лучше всего, если исцеление является плодом усилий нескольких человек: вы выбираете себе врача, который поможет вам выздороветь, и вместе с ним принимаете решения. Таким образом вы вносите существенный вклад в свое излечение.

Мы возвращаем себе силу, меняя свои приоритеты, когда понимаем, что мы самодостаточны и не можем жить, лишь отвечая представлениям других о нас. Мы приходим на нашу планету не для того, чтобы отказывать себе в чем-то, — мы приходим, обладая только одним нам свойственной уникальностью. Никто не может жить так, как живет другой: у каждого свои таланты и способности, и человек должен использовать их на благо всей планеты. Здесь используется аффирмация: «Я признаю свою силу и позволяю своей уникальности выразить себя во всей полноте».

Не думаю, что будет эгоистичным сказать: «Я первым пришел на эту Землю», — таким образом мы начинаем заботиться о своей душе: ты сам решаешь, что для тебя хорошо, это просто акт любви к себе. Я заметила, что женщины, у которых развивается рак груди, много лет отдавали свою энергию. Грудь олицетворяет кормление, а эти женщины «кормили» всех вокруг, но только не себя, отдавали все другим, не оставляя себе ничего. Это настолько входило у них в привычку, что окружающие невольно ожидали от них подобного поведения. Для этих женщин было огромным испытанием сказать однажды: «Нет!» Когда же они наконец говорили: «Нет, теперь моя очередь», то возвращали себе утраченную энергию и тем самым улучшали свое состояние.

Признание своей силы — и использование ее для исцеления себя и помощи другим — один из первых шагов к будущему здоровью нашей планеты. Мы все способны делиться любовью и здоровьем, и эта щедрость поможет исцелить наши жизни.

Лечение

Сегодня еще один совершенный день на Земле. Мы проживем его с радостью. В этом меняющемся мире я тоже хочу меняться. Я хочу менять себя и свои мысли, чтобы улучшить качество моей жизни и мой мир. Мое тело любит меня, несмотря на то, как я к нему отношусь. Мое тело общается со мной, и я сейчас прислушиваюсь к его сообщениям.

Я обращаю внимание на свое тело и обязательно вношу коррективы, давая ему то, что требуется, чтобы вернуть его к оптимальному здоровью. Я призываю свою внутреннюю силу, которая доступна мне, когда бы она ни потребовалась. Мы едины с той силой, что создала нас.

Мы спокойны, и все хорошо в нашем мире!

Глава шестая
Учимся любить себя

Аффирмация:

Я хочу любить и уважать себя!

Когда я говорю о любви к самому себе, люди часто думают, что я имею в виду тщеславие и самовлюбленность. Однако эти качества не имеют ни малейшего отношения к любви. Тщеславие и чванство — следствие недостатка самоуважения. Разумеется, мы хотим выглядеть как можно лучше, но когда мы слишком зациклены на нашей физической внешности, это означает, что мы — такие, какие сейчас, — недостаточно хороши. Мы чувствуем себя неуверенно и пытаемся сделать себя более приемлемыми для окружающих людей, но лакировка нашего внешнего облика бессмысленна, потому что в этом случае мы связываем самоуважение с внешностью, которая постоянно меняется. Наше достоинство не вытекает из физической красоты: оно основано на том, насколько мы любим себя.

Любовь к себе — очень простое понятие. Оно означает, что вы заботитесь о себе. Если вы выбрали этот путь, то все остальное вытекает из него само собой. Любовь к себе — это избавление от самонаказания, это прощение себя, это прощание с прошлым, уважение самого себя, наслаждение самим собой, любовь к тому, кем ты являешься. Это умение постоять за себя в различных ситуациях.

Как мы любим других?

Как мы любим других? Принимаем ли мы их — такими, как они есть? Разрешаем ли им быть самими собой? Перестаем ли их воспитывать? Позволяем ли им заботиться об их собственном духовном росте? Мы не в состоянии учиться за других. Если присутствие других людей разрушительно для нас, мы можем избегать их — и это будет в порядке вещей. *Мы должны любить себя настолько, чтобы не попадать под влияние саморазрушающихся личностей.* Если в вашей жизни много людей с отрицательным влиянием на вас, вы должны задуматься над тем, какие особенности вашего характера привлекают их к вам.

Когда мы меняемся и отбрасываем старые привычки, меняются и окружающие нас люди — пропорционально тому, как они связаны с нашей новой личностью. В противном случае они покидают нашу жизнь, освобождая место для других. Но как бы это ни происходило, такие изменения станут для нас позитивным опытом, если мы любим и уважаем себя.

Еще одно мощное орудие исцеления взаимоотношений — семейных или рабочих, близких или случайных, — это «благословение любовью». Когда действие другого человека грозит разрушить гармонию вашей жизни, благословите его любовью. Вы можете сделать это несколькими способами. Можете сказать: «Я благословляю тебя любовью и приношу гармонию в эту ситуацию» или «Я благословляю тебя любовью, отпускаю тебя и позволяю тебе уйти» или «Я отпускаю тебя к твоему высшему добру».

Если делать это постоянно, что-то сдвинется на невидимой стороне бытия, и ситуация изменится к лучшему. Я видела, как этот метод исцеляет самые разные взаимоотношения: начальники превращались в хороших друзей, в семьях расцветала любовь, невыносимые люди уезжали, а интимные отношения становились более откровенными. Те из нас, кто попробовал благословение любовью, не нарадуются на результаты.

Во что я верю

Я верю в то, что все события, которые случились с нами за нашу жизнь до этого момента, есть следствие мыслей и представлений, которых мы держались в прошлом. Мысли обладают невиданной созидательной силой. Наши мысли творят нашу реальность. Это закон природы, который мы начинаем понимать и применять на практике только сейчас, хотя могли бы это сделать давным-давно.

Моя философия очень проста — слишком проста, по мнению некоторых людей. И все же я видела, как она снова и снова подтверждается. Вот некоторые из основных ее положений:

1. Что мы отдаем, то и получаем обратно.

Этот постулат существует уже много веков. Вспомните золотое правило: «Веди себя так, как ты хочешь, чтобы люди вели себя с тобой». Это закон природы, который применим к нашим мыслям: если мы судим, критикуем, пусть даже мысленно, тогда и нас будут судить и критиковать. Если мы любим безоговорочно, то мы привлекаем к себе людей, которые дадут нам такую же абсолютную любовь и заботу. Мысли о ненависти и мести только привлекут полные ответной ненависти мысли и действия. Мысли о ревности приводят к потерям в нашей жизни. С другой стороны, мысли о прощении вызывают исцеление и благоденствие, мысли о любви и радости привлекут в нашу жизнь не только любовь, но и нечто невероятно ценное — и оно будет отражать наши новые представления о своей ценности в этом мире.

2. То, что мы думаем о себе и своей жизни, становится правдой для нас.

Вот почему так важно знать, во что мы верим. Слишком часто на нас отражается ограниченное мышление наших родителей или окружения. Я нередко прошу людей сесть и, перечислив некоторые базовые аспекты своей жизни, написать, что они думают о них. Например, «Что вы думаете о...

Мужчинах	Потерях
Женщинах	Благосостоянии
Любви	Старости
Сексе	Работе
Здоровье	Успехе
Вашем теле	Боге?»

Удивительно, как много своих представлений мы получаем в возрасте около пяти лет! Несомненно, многие из этих давних верований не подходят нам сегодня, поэтому периодические умственные «чистки» будут крайне полезными. Так как все наши мысли — результат нашего выбора, сейчас мы можем отобрать только те, которые в наибольшей степени поддерживают и «питают» нас.

3. Наши мысли обладают созидательной энергией.

Это самый важный закон природы, который нам надо знать. Мысли подобны каплям воды: когда мы снова и снова думаем об одном и том же в течение долгого времени, эти капли превращаются в ручейки, озера или океаны. Если это позитивные мысли, то мы плывем по океану жизни. Если они негативные, то мы тонем в море отчаяния.

Что вы обычно испытываете, когда просыпаетесь утром? Радость или обреченность? От этого и зависит будущий день. Вы настроены на любовь, веру и надежду? Тогда они зададут настроение всему дню — и этот ореол любви принесет вам все, в чем вы нуждаетесь. Посидите молча несколько мгновений, проанализируйте, о чем вы сейчас думаете. Вы действительно хотите, чтобы у вас была та жизнь, к которой ведут эти размышления? Начните осознанно выбирать для себя мысли, которые поддержат вас и помогут вам!

4. Мы достойны любви.

Все мы. Вы и я. Мы не должны заслуживать любовь, как не должны заслуживать право дышать — мы дышим, потому что существуем. Мы достойны любви, потому что существуем. Мы должны это понять и принять. Мы достойны любви к себе. Не позволяйте отрицательному отношению ваших родителей или предубеждению общества погасить ваш свет. Гармония вашего бытия в том, что вы любите и любимы. Однако вы должны принять эту мысль, чтобы она стала реальностью вашей жизни. Помните, ваши мысли созидают вашу реальность. То, что «они» думают или говорят, никак не связано с вашей значимостью в собственных глазах. Скажите себе прямо сейчас: *«Я достоин любви»*.

5. Самоодобрение — ключ к позитивным изменениям.

Когда мы злимся на себя, когда судим и критикуем все, что делаем, когда мы оскорбляем себя, то излучаем крайне негативные вибрации, и наша жизнь портится. Помните, что эти привычки пришли из прошлого и не имеют отношения к действительности. Как мы можем ожидать любви и понимания от других, если сами не любим и не понимаем себя? «Я люблю и принимаю себя таким, каков я есть» — очень сильная мысль, которая поможет вам создать мир радости.

6. Мы можем проститься с прошлым и простить всех.

Прошлое существует только в нашей памяти. Держаться за старые обиды — значит наказывать себя сегодня за то, что кто-то другой сделал давным-давно. Это же бессмысленно! Слишком часто мы находимся в тюрьме злобного негодования, а это ужасная жизнь! Вы можете освободиться из нее. Простить — не значит забыть чье-то плохое поведение — это избавление от нашей «фиксации» на той ситуации. Вы должны освободиться, чтобы не воссоздавать подобную ситуацию в будущем. В каждый данный момент человек делает все, что может, с присущим ему пониманием. Отказаться от гнева и заменить его пониманием означает освободить себя. Прощение — дар самим себе.

7. Прощение открывает дверь к любви.

Любовь — это наша цель. Безусловная любовь. Как ее достигнуть? Пройдя через врата прощения. Прощение можно сравнить с луковицей, в которой много чешуек. Лучше начинать с верхних слоев — с тех вещей, которые легче простить, — и продвигаться к более серьезным обидам, только тогда, когда вы уже привыкнете к этому процессу. Мы будем отбрасывать обиды одну за другой, пока не окажемся на глубинном уровне понимания. И там мы обнаружим, что нас ждет любовь. Прощение и любовь идут рука об руку.

8. Любовь — самая мощная исцеляющая сила из всех существующих.

Любовь стимулирует нашу иммунную систему — нашу любовь к себе. Мы не можем исцелиться или достичь цельности в атмосфере ненависти. Когда мы научаемся любить себя, мы становимся сильными. Любовь возносит нас с положения жертвы в позицию победителя.

Наша любовь к себе привлекает к нам то, что нам необходимо на пути к исцелению. Люди, которые хорошо относятся к себе, становятся естественным образом привлекательны и для остальных.

9. Стоит только захотеть.

Мы не должны ждать, пока поймем, как прощать: все, что нам надо, — просто захотеть этого. Наши мысли обладают великой созидательной энергией. Подумать: «Я хочу освободиться от критицизма», или «Я хочу простить себя», или «Я хочу любить себя», — это отправить мысль во Вселенную. Если повторять эту мысль, она приведет в действие законы притяжения, и вы вскоре обнаружите новые пути к достижению желаемого. Вселенная любит вас и готова помочь вам претворить в жизнь все, во что вы хотите верить. Захотите жить достойно!

Если вас заинтересовали мои представления, прочитайте предлагаемые мною ниже десять ступеней к тому, как полюбить себя. Я пользовалась ими с самого начала своей работы, и они мне очень помогли. Они просты, так как любовь к себе — это совсем простая вещь.

Десять шагов к тому, как любить себя

1. Откажитесь от критики. Критицизм никогда ничего не меняет, прекратите критиковать себя! Принимайте себя таким, какой вы есть. Все меняется, и когда вы критикуете себя, ваши изменения негативны. Когда же вы одобряете свои поступки, эти изменения носят позитивный характер.

2. Не пугайте себя. Перестаньте мысленно запугивать себя — это страшный способ существования. Найдите образ, который доставляет вам удовольствие (мой, например, — кремовые розы), и немедленно переключайте свой испуганный ум на мысли о приятном.

3. Будьте мягкими, добрыми и терпеливыми. Будьте мягкими с собой, будьте добрыми с собой, будьте терпеливыми с собой, пока вы еще только учитесь думать иначе. Относитесь к себе словно к другому человеку, которого вы по-настоящему любите.

4. Будьте добрыми к своим мыслям. Самобичевание — это проявление ненависти к своим мыслям. Нельзя осуждать себя за то, что вы думаете так, а не иначе. Просто спокойно смените тему для размышлений.

5. Хвалите себя. Критицизм разрушает внутренний дух, а похвала укрепляет его. Хвалите себя так часто, как только можете. И с каждой маленькой победой напоминайте себе, как вы отлично со всем справляетесь!

6. Поддерживайте себя. Найдите способ поддержать себя: обратитесь к друзьям и позвольте им помочь вам. Истинный признак силы духа — обратиться за помощью, когда вы больше всего в ней нуждаетесь.

7. Любите свои недостатки. Признайте, что они — ваш ответ на какую-то потребность, и сейчас вы ищете новый, позитивный способ удовлетворить эту потребность. Поэтому с любовью распрощайтесь со старым негативным поведением.

3 Л. Хей. Позитивный подход

8. Заботьтесь о своем теле. Разузнайте побольше о правильном питании: какого рода «топливо» требуется вашему организму, чтобы получить максимум энергии и жизненной силы? Подумайте о занятиях спортом. Какие физические упражнения доставляют вам удовольствие? Заботьтесь о том храме, в котором вы живете, ухаживайте за ним!

9. Работа с зеркалом. Чаще смотрите в свои глаза, говорите о растущей любви к себе. Простите себя, глядя в зеркало. Поговорите перед зеркалом со своими родителями. Простите также и их. По крайней мере раз в день скажите себе перед зеркалом: «Я люблю тебя, я действительно люблю тебя!»

10. Приступайте прямо сейчас! Не ждите, пока вам станет лучше, или вы похудеете, или получите новую работу, или завяжете новое знакомство. Начните сейчас — и делайте все, что можете.

Быть достойным

Многие из нас отказываются приложить усилия к тому, чтобы создать себе лучшую жизнь, потому что не верят, что они ее заслуживают. Это неверие может брать начало в чем-то столь же давнем, как обучение навыкам опрятности, или когда нам говорили, что мы получим что-то только при условии, если съедим все до крошки или уберемся в комнате, или сложим игрушки. Здесь опять-таки речь идет о покупке чьего-то мнения, которое не имеет никакого отношения к реалиям нашего бытия.

Чувство, что вы этого не заслужили, никак не связано с получением чего-то хорошего: это всего лишь наше нежелание принять то, что само идет в руки. Позвольте себе принять хорошее, неважно, считаете вы, что заслужили это, или нет.

Упражнения

Здесь приводятся несколько вопросов, которые помогут вам ощутить себя способным получать то, что вы заслуживаете, а также почувствовать любовь и исцеляющие силы, которые приходят вместе с этим ощущением.

Что вы хотите из того, чего у вас нет? Будьте конкретны.

По каким правилам вознаграждали в вашем доме?
Что они говорили вам? «Ты не заслужил»? Или «Ты заслужил хороший поцелуй»? Ваши родители считали, что они тоже чего-то заслужили? Вы всегда должны были чем-то заслужить вознаграждение? Вы получали то, что хотели? У вас отбирали что-то, когда вы поступали, «неправильно»?

Как вы считаете, вы достойны...?
Что вы при этом думаете? «Позже, когда я заработаю это»? «Сначала я должен это заработать»? Вы достаточно хороши сейчас? А будете ли вы когда-нибудь достаточно хороши?

Какая мысль мешает вам заслужить вознаграждение?

«У меня мало денег». Страх. Старые убеждения: «Из тебя никогда ничего путного не выйдет», «Я недостаточно хорош».

Вы заслуживаете жизнь?

Если да, то почему? Почему, если нет? Говорили ли «они» вам когда-нибудь: «Ты заслужил смерть?» Если так, было ли это частью вашего религиозного воспитания?

Ради чего вы живете?

Какова цель вашей жизни? Что значимого вы создали? Тусовки по барам и накачивание наркотиками не являются чем-то стоящим. Создали ли вы себе причину жить?

Чего вы заслуживаете?

«Я заслуживаю любви, радости и всего хорошего». Или вы считаете, что заслужили только плохое? Почему? Когда эта мысль появилась в вашей жизни? Вы хотите избавиться от нее? Чем вы хотите ее заменить? Помните: это мысли, а мысли можно менять.

Что вы хотите сделать, чтобы стать более достойным человеком?

Вы хотите использовать аффирмации? Лечиться? Прощать? Если да, тогда вы станете таким.

Легко видеть, как растет сила человека, идущего по пути, на котором он чувствует, что заслужил все самое хорошее. Попробуйте это лечение, чтобы создать новый позитивный настрой. Помните, что со временем вы сможете создавать собственные исцеляющие утверждения, а индивидуальный подход всегда был самым успешным. В конце концов, вы — лучший специалист по себе самому, и никто не знает вас так, как вы себя знаете!

Лечение, дарующее чувство достоинства

Я достоин. Я достоин всего наилучшего! Не немного, не чуточку, а всего! Сейчас я оставляю в прошлом все негативные ограничивающие мысли. Я освобождаюсь и избавляюсь от всех предрассудков моих родителей. Я люблю их, но иду дальше. Моя личность — не зеркало их отрицательного мнения. Я освобождаюсь от страхов и предубеждений общества, в котором сейчас живу.

Я абсолютно свободен! Сейчас я движусь в новое пространство сознания, где хочу видеть себя другим. Я хочу созидать новые мысли о себе и своей жизни, и это новое мышление станет моей новой реальностью.

Я уверен в том, что я един с энергией успеха во Вселенной. Сейчас я движусь к процветанию, и во мне заложены все возможности к этому. Я заслуживаю жизнь — хорошую жизнь! Я заслуживаю любовь, много любви! Я заслуживаю хорошее здоровье! Я заслуживаю жизни комфортной и богатой! Я заслуживаю радость и счастье. Я достоин свободы — свободы быть всем, кем я могу стать. Я заслуживаю даже больше, чем все перечисленное! Я заслуживаю всего самого хорошего в жизни!

Вселенная сгорает от желания реализовать мои новые представления о себе. Я принимаю эту насыщенную жизнь с радостью, удовольствием и благодарностью, потому что я достоин ее. Я принимаю это, я знаю, что все это — правда.

Сегодня еще один совершенный день на Земле. Мы проживем его с радостью. Неважно, что я думал о себе в прошлом, сегодня наступил новый день, и в этом новом мгновении времени я начинаю смотреть на себя с большим сочувствием. Критицизм и стремление судить уходят, и я свободен принять всего себя. Я отношусь к своим мыслям так, словно от них зависит вся моя жизнь, потому что знаю, что это правда.

Открываются врата любви, моей любви к себе. Это путь к исцелению. Я сделаю этот день таким, что его захочется помнить и завтра. Сегодня я начну путешествие к исцелению. Мы едины с той силой, что создала нас.

Мы спокойны, и все хорошо в нашем мире!

Глава седьмая

Стереотипы негативных мыслей

Аффирмация:

Я выхожу за пределы всех своих старых ограничений!

Никоим образом я не хочу вызывать у кого-нибудь чувство вины. И все же, чтобы добиться изменений, мы должны понимать, как работает наш мозг. Никто не хочет болеть, и все же нам, видимо, нужны заболевания, потому что это способ нашего тела сказать, что кое-что не работает в нашем сознании.

Разумеется, мы не говорим, что хотим иметь ту или иную болезнь, но мы создаем такой психический настрой, при котором эти заболевания процветают. Очень часто мы делаем это неосознанно. В конце концов, разве не было большинство из нас воспитано в сознании перепуганных жертв или людей, ненавидящих и презирающих жизнь? Я слышала, как родители говорят, что их дети не имеют права быть счастливыми и что страдание — в порядке вещей. Если родители твердили своему ребенку, что он плохой и из него никогда ничего путного не выйдет, то, вырастая, человек будет считать, что это правда.

Большая часть родителей также верит и учит своих детей, что болезнь — это козни дьявола, который разит нас, если мы не остережемся. Медицина соглашается с этим, и говорит, что только она может что-то для нас сделать. Религия, как правило, — еще один способ сказать себе, что ты «недостаточно хорош»: в ней снова и снова подчеркивается наша беспомощность. Неудивительно, что мы растеряны и разгневаны, когда заболеваем!

Я уверена, что все может быть иначе: мы можем взять ответственность за себя в свои руки и измениться позитивным образом.

Разве нам когда-нибудь говорили в детстве, что наши мысли определяют нашу действительность? Или что мы достаточно сильны, чтобы измениться и создать для себя достойную жизнь? Разве говорили нам, какие мы замечательные и что нас ждет радостная и полная любви жизнь? Говорили, что мы будем процветать и нас ждет успех? Если бы мы услышали тогда все эти вещи, наша жизнь сейчас была бы совершенно иной!

Давайте не будем терять времени, проклиная своих родителей: они и сами не знали ничего лучшего. Сейчас мы сами себе родители. Мы можем говорить себе все те позитивные вещи, которые не слышали в прошлом.

Упражнение
по негативным стереотипам мышления

Попробуйте это упражнение. Когда вы будете читать вопросы, подумайте о том, какими вы представляете своих родителей. Затем подумайте о новых представлениях, которые вы создадите для себя в будущем.

Запишите все, что вы бы хотели услышать от своих родителей, а затем читайте себе эти любящие послания вслух перед зеркалом. Делайте это каждый день, пока эти сообщения не станут реальными для ребенка внутри вас.

Влияние негативных
мыслительных стереотипов

Годы, прожитые с негативными мыслительными стереотипами — начиная с ваших мыслей о родителях, — подточили вашу иммунную систему. К тому же мы снижаем способность нашего тела функционировать на оптимальном уровне неудачным выбором пищи. Если добавить ко всему этому чувство, что нас никто не любит, не хочет и чувство одиночества, то наш организм готов подхватить любое широко распространенное заболевание нашего времени. Человек буквально создал эпидемии рака, предменстру-

ального синдрома, инфекционного моно-
нуклеоза, кандидозов, а сейчас «благодаря»
ему процветает и СПИД.

Когда же мы наконец услышим эти сообщения? Мы явно делаем что-то не так! Мы
ведь неплохие люди, мы просто сошли с правильного пути. Давайте не будем ругать себя!
Давайте подумаем, что можно сделать, чтобы
исцелиться. Никто не сделает это за нас!

Если вы начинаете плохо думать о себе или
создавать проблемы в своей жизни, перебери-
те в уме несколько простых вопросов. Попробуйте точно представить, что именно вы хотите получить, когда ситуация разрешится. Затем представьте себе, как вы можете изменить
ее в положительную сторону. Например:

1. Чего вы пытаетесь избежать, думая таким образом или создавая
   эту проблему?
2. Кого вы пытаетесь наказать?
3. Какие чувства овладевают вами?
   Почему?
4. Каких гарантий вы ждете от жизни?
5. Как сильно вы любите предавать-
   ся жалости к себе?
6. Что вы получаете от своей боли?
7. Что вы боитесь потерять?
8. Поможет ли это вам?

Ответьте на эти вопросы как можно чест-
нее — и вас ждет прозрение.

Стресс как дополнение
наших негативных стереотипов

У всех нас бывают «плохие» дни, когда
абсолютно все, кажется, идет наперекосяк.

Но когда мы находимся в плену негативных мыслительных стереотипов, подобные дни ухудшают ситуацию в сотни раз. Это крайне опасно для нас, потому что мы и так несем лишнюю психологическую нагрузку. Надо научиться от нее освобождаться! Вот источники некоторых из наиболее частых ежедневных стрессов:

1. Ваш муж / жена / любовник или лучший друг.

2. Деньги в целом или деловые партнеры.

3. Собака / кошка или им подобные.

4. Самый мой «любимый» стресс — необходимость уложиться в запланированное время.

5. Ситуация на работе, с подчиненными или начальством.

6. Машина / автобус или другие средства передвижения.

Психологи и психиатры могут связать каждое физическое заболевание со стрессом, и упомянутые выше пункты легко впишутся в это представление. Если мы научимся освобождаться от психологических перегрузок или хотя бы справляться со стрессами, битва против наших болезней или «плохих» дней уже будет наполовину выиграна!

Упражнение в состоянии стресса

Попробуйте это упражнение, чтобы облегчить стресс. Задайте себе следующие вопросы по вышеприведенным пунктам источников стрессов:

1. Могу ли я сделать что-то реальное, чтобы изменить этого человека?

2. Что я могу сделать, чтобы улучшить свое финансовое положение?

3. Разве животные виноваты? Они так любят нас.

4. Если я попаду в катастрофу на шоссе, разве это поможет мне добраться на место быстрее? Может быть я дал невыполнимое обещание? По чьим стандартам я пытаюсь жить?

5. Неужели эта работа единственно подходящая для меня? Могу ли я проявить свой созидательный потенциал на этой работе? Нравится ли мне человек, на которого я работаю (или тот, кто работает на меня)?

6. Могу ли я сделать что-то, чтобы успеть вовремя? Почему я думал, что успею? Если машина сломана, могу ли я починить ее? Затем задайте себе несколько общих вопросов:

а) Научился ли я чему-нибудь в этой «стрессовой» ситуации?

б) Что я сделаю по-другому, если это случится снова?

в) Было ли это так уж плохо?

г) Было ли что-то смешное в той ситуации?

д) Встретился ли я с чем-то новым и замечательным?

Обдумав эти вопросы, сделайте несколько глубоких вдохов, и медленно выпустите воздух — словно вы избавляетесь от того, что вызвало стресс. В конце концов, именно это и происходит сейчас!

Юмор

Все это формы позитивного избавления от негативной энергии: юмор, рационализация, плач, гнев и крик. Смех, юмор — еще одно могущественное оружие в нашей битве за самих себя.

Во время своих еженедельных встреч по средам я обнаружила, что если относиться ко всему с юмором, то высвобождается так много запрятанных в глубине эмоций! Я даже ввела специальный «перерыв, чтобы посмеяться», когда мы все по очереди рассказывали анекдоты.

Смех — не такая уж простая вещь для некоторых из нас, так же как другим трудно сказать, о чем они думают — потому что это по сути одно и то же. Здесь я привожу несколько вопросов, которые вы должны задать себе, когда рассердитесь:

1. Разве ситуация не настолько глупа, чтобы посмеяться над ней?

2. Разве он / она не похож на...?

3. О ком или о чем напоминает эта ситуация?

4. Нельзя ли просто посмеяться над ней и забыть?

Помните, что сила юмора вполне реальна. Норман Казинс рассказывает в своей книге «Анатомия болезни», как можно использовать юмор и рациональное питание, чтобы полностью исцелить свое тело.

Негативные физичсские изменения

Любить себя — такой сложный урок! Знать, что мы нечто большее, чем физическое тело, понимать, как надо реагировать на нормальный и естественный процесс его старения. Мы установили заведомо проигрышные правила в вопросе старения: решили, что стареть — значит терпеть поражение, что это должно презираться и избегаться любой ценой. И тем не менее все мы, кто не умер в молодости, постареем...

Когда мы приближаемся к тому, что должно стать одним из лучших периодов нашей жизни, то, заметив новую морщину, смотрим на себя с раздражением. Раньше стариков уважали и обращались к ним за советом, сейчас же мы презираем пожилых людей и отталкиваем их, предоставляя умирать в одиночестве или в домах для престарелых. Мы, очевидно, не понимаем, что наше поведение вернется к нам по закону бумеранга. Я содрогаюсь, когда думаю, как будут относиться в старости к тем, кто сейчас обижает и грабит стариков...

Наши тела — это одежда, которую носят наши личности. Наши души выбрали эти определенные тела еще до того, как мы в очередной раз вернулись на планету. Они никак не связаны с нашей значимостью: наша ценность проистекает из того, что мы чувствуем по отношению к себе.

Если у нас есть физическое заболевание, то наше излечение во многом зависит от того, как мы к себе относимся. Если мы не любим или даже ненавидим себя, мы используем это физическое событие, чтобы усилить подобные негативные чувства. Если мы живем в мире с самим собой, если мы любим себя, тогда мы примем эти изменения и постараемся извлечь из них лучшее.

Для большинства рано или поздно наступает время, когда человек уже не справляется с болезнью в одиночку. Наша врожденная независимость не позволяет нам просить о помощи, пусть даже речь идет о жизненно важных потребностях, и все же мы должны сделать это — это одна из форм принятия любви. Я много раз слышала от тяжело больных СПИДом: «Я и не подозревал, что так много людей любит меня». Иногда требуется тяжелая болезнь, чтобы мы смогли принять любовь, которая всегда была под рукой!

Иногда болезнь приводит к смерти. Тогда многие из нас испытывают ощущение провала, словно мы допустили ошибку. Так же как и в случае со старением, мы сделали смерть чем-то, чего нужно избегать. Медицина использует все новые и новые технические методы, чтобы силой заставить тело жить, хотя его жизненный ресурс уже исчерпан. Смерть, как и рождение, — естественный и нормальный процесс, и она редко приходит по нашему желанию.

Что касается жизни вообще, то мы появляемся словно в середине фильма и уходим всегда также в середине.

Когда приближается смерть, мы можем принять ее с миром. Бороться с тем, что есть, — это только страдать и испытывать боль. Это время для всех проявить любовь. Быть рядом с умирающим человеком и просто повторять снова и снова: «Я люблю тебя, и ты в безопасности» — это лучшее, что вы можете сделать для него. Если же умираете вы — откройте себя любви и знайте, что вам ничто не угрожает. Несмотря на пугающие легенды, которыми мы окружили смерть, каждый человек, который вернулся, пережив клиническую смерть, говорит о спокойствии и невероятной любви, которые ожидают нас, едва мы переступаем порог от этой жизни к следующей.

Справедливо утверждение, что мы владеем силой, чтобы победить все болезни на нашей планете, но правда и то, что рано или поздно наступает время сбросить постаревшее тело. Давайте же поможем друг другу сделать это спокойно, с достоинством и даже с радостью! Радость можно найти в любой фазе жизни — от нашего первого дыхания до последнего. Давайте сделаем и этот переход мирным событием, полным любви!

Кто виноват?

Я никогда никого не виню, так как человек делает все, что может в каждый данный момент и в данном месте. Даже наши родители заботились о нас так, как могли, в соответствии с системой ценностей, которую они в свое время получили. Мы отрицаем нашу собственную внутреннюю мудрость, когда принимаем негативное мнение людей о себе. И все мы равным образом несем ответственность, когда высказываем плохое мнение о других.

Как часто мы говорим, что мужчины или женщины, или «голубые», или черные, или старые, или молодые, или данная раса, религиозная группа, или люди, которые одеты определенным образом, недостаточно хороши. Эти уничижительные мысли рикошетом возвращаются к нам. Мы должны усвоить закон причины и следствия и понять, что наши мысли могут повлиять на нас самих.

Лечение

Сегодня еще один совершенный день на Земле. Мы проживем его с радостью. Сегодня я хочу очистить мою жизнь и мой разум от всех негативных, разрушительных и полных страха мыслей. Я больше не слушаю и не участвую в наносящих вред разговорах. Сегодня никто не сможет обидеть меня, потому что я отказываюсь быть обиженным.

Неважно, насколько оправданно это может казаться, но я отказываюсь от разрушительных эмоций. Я поднимаюсь надо всем, что пытается вызвать у меня гнев или страх. Разрушительные мысли не властны надо мной, чувство вины не изменит прошлого! Я думаю и говорю только о том, что хочу привнести в свою жизнь. Я способен сделать все, что мне нужно! Мы едины с той силой, что создала нас.

Мы спокойны, и все хорошо в нашем мире!

Глава восьмая

Наркомания, алкоголизм, плохое питание

Аффирмация:

Я благословляю свое тело с любовью!

Наркомания

Наркомания, к сожалению, встречается в нашем обществе слишком часто. Она стала одним из вернейших способов побега от действительности. Наркотики искушают: «Проиграй с нами — и мы дадим тебе чувство благости». И это правда — по крайней мере, на время: от наркотиков нам действительно хорошо, потому что они меняют нашу реальность. Но только представьте себе, какую ужасную цену придется вам заплатить за это удовольствие! От наркотиков здоровье быстро рушится, и человек чувствует себя уже не так хорошо. К тому же развивается наркотическая зависимость, он уже не может без них жить и готов заплатить любую цену за наркотик. Люди разоряются, убивают и грабят, уничтожают в себе чувства к другим людям и разрушают свою личность.

Наркотики ослабляют нашу иммунную систему до крайне опасной черты. Почему же мы вообще их пробуем?

Часто это простое любопытство, удовлетворив которое, человек теряет к наркотикам интерес. А вот повторный прием — уже другое дело. Я еще не встречала наркоманов, которые хорошо бы думали о себе. Мы принимаем наркотики, чтобы убежать. Убежать от себя самих, от наших чувств. Чтобы сделать вид, что нам хорошо, спрятать нашу боль.

Все начинается с того, что мы не любим и не принимаем себя такими, какие мы есть. Мы пытаемся уничтожить наши детские представления о собственной никчемности, но ничего не получается, потому что наркотики выходят из организма, и мы чувствуем себя еще хуже, чем раньше, но сейчас к этому присоединяется еще и чувство вины за то, что мы их принимаем.

Алкоголизм

Очень древний способ побега от действительности. Алкоголь часто неотъемлемый спутник праздника, он помогает расслабиться, но это его свойство слишком преувеличивается теми, кто не уважает себя. Алкоголь влияет на печень, а печень и желчный пузырь напрямую связаны с гневом: желчный пузырь связан с гневом и горечью по отношению к другим людям, печень — символ гнева, направленного на себя, символ ненависти к себе.

Алкоголики очень непримиримы к себе. Они изыскивают один повод за другим, чтобы напиться, а настоящая причина кроется в желании наказать и оскорбить себя. Почему? Потому что когда-то в детстве им втолковали, что они не только недостаточно хорошие, но и просто плохие и должны быть наказаны.

Гомосексуальная «культура» отличается настолько унизительным отношением к старикам, что вкупе с полученными в молодости представлениями о собственной никчемности она приводит к тому, что многие геи в пожилом возрасте становятся алкоголиками. Грустно смотреть, как один стакан за другим только усиливает их веру в свою ненужность.

Неправильное питание

Все мы знаем, что пища является топливом для наших тел. Каждый раз, когда вы едите на ходу, разве не раздается в вашем мозгу тревожный звоночек? Или вы забыли, как сами говорили своему соседу по столу: «Я никогда не ем ЭТО»?

Все знают основы правильного питания, но все равно мы используем пищу как способ наказать себя — чтобы развить ожирение или подкосить свое здоровье.

Мы стали нацией с зависимостью от пищевого хлама. Мы позволяем крупным производителям пищи и их рекламным агентам влиять на наши пищевые привычки. Было время, когда все знали вкус хорошей пищи. Сегодня же у нас есть дети и подростки, которые никогда не ели настоящей еды: они выросли на консервированной, бутилированной, замороженной, расфасованной, подогретой в микроволновой печи пище или на химических соединениях, которые имитируют еду.

Естественно, что человек хочет есть ту пищу, которой кормили его в детстве родители, потому что таким образом ребёнок внутри него чувствует, что его любят. Отказаться от своих пищевых привычек — значит, почувствовать себя так, словно ты отказываешься от своих родителей.

Ни разу во время своего взросления мы не получаем информацию о правильном питании. То, что нам говорят, идет, как правило, от производителей мяса, молока, фирм по производству упаковки и т. д., которые продвигают на рынок свою продукцию. Если в вашей семье не знали о правильном питании и не кормили вас настоящей пищей, то и вы не знаете, какая еда хороша для вашего тела. Врачи здесь не помогут: если врач хочет узнать о пище или ее влиянии на тело, ему приходится за свой счет повышать свое образование. Современная медицина отдает приоритет хирургии и фармакотерапии, поэтому питание должно стать для нас наукой, которую придется учить самостоятельно. Методом проб и ошибок вы сможете найти для себя такую пищу, которая даст вам наибольшую энергию и хорошие ощущения.

Или же вы должны обратиться к опытному специалисту, который будет направлять вас в этом вопросе.

История Джона

Джон впервые заметил фиолетовую язвочку на ноге в апреле 1984 и пошел к врачу, чтобы провериться. Тот посоветовал ему не беспокоиться. Тогда Джон показал ее своему соседу по комнате, который сказал, что нечто подобное было обнаружено у его друга, который потом умер. Джон снова отправился к врачам, и на этот раз ему диагностировали саркому Капоши. Кроме того, он в течение четырех месяцев страдал от диареи, и выяснилось, что виной тому криптоспоридии — простейшие, от которых, как считается, невозможно избавиться. Джон никогда не чувствовал себя особенно плохо, но первого августа ему был поставлен диагноз СПИД.

Так начался для Джона путь к здоровью, и первым, что он изменил, была его диета. Он выбрал макробиотический подход, и в течение трех месяцев его друзья помогали ему готовить сбалансированную еду. Вначале он очень строго следовал своей диете, но затем не выдержал, потому что «я очень люблю сладости и пиво».

Сегодня Джон считает себя макробиотиком, который жульничает. «Когда я готовлю для себя, я ем рис с овощами, но если иду в гости, то не откажусь и от пирога. Я редко ем мясо и почти не употребляю молочные продукты».

С помощью макробиотического подхода Джон вылечил себя от криптоспоридий. В течение трех дней «я ел горсть сырого риса и тыквенных семян, горсть сырого чеснока и пил чай». Последние четыре обследования дали отрицательный результат, а значит, что-то уничтожило эту предположительно неизлечимую болезнь. Джон также использует аминокислоты, чтобы укрепить свои клетки.

В результате, Джон отлично чувствует себя. «Никаких ночных приливов, никакой лихорадки. Я занимаюсь спортом, бегаю три или четыре мили. После этого я устаю, но не сбиваюсь с дыхания. Я занимаюсь аэробикой, плаваю, и чувствую себя великолепно». Когда его спрашивают, лучше ему или нет, Джон отвечает: «Мне нечего было улучшать, так как я никогда не чувствовал себя по-настоящему плохо. Но я четыре раза сдавал анализы, и они четыре раза были отрицательными. Я не говорю, что у меня нет СПИДа — просто я не являюсь носителем вируса, потому что у его нет в моей крови, но у меня все еще ослабленная иммунная система, и я по-прежнему предрасположен к инфекционным заболеваниям».

Джон считает, что ему повезло с поддержкой других людей. Все началось с его семьи. «Мои родители очень старые и больные, но они здорово помогали мне. Когда я рассказал им о СПИДе, моя мать ответила: «Ничего с тобой не будет. У тебя очень здоровые корни».

Помимо семьи Джон получал помощь и в моей группе. «Сначала я достал пленку Луизы и прокручивал ее каждый вечер в течение года перед сном или по утрам. Я прослушивал и другие записи, несколько раз ходил на частные консультации. Она сделала для меня четыре записи, которые я прослушиваю и по сей день. В нашей группе я встретил много друзей — больных СПИДом и много других замечательных людей. Мои друзья очень поддерживают меня. У меня есть друзья-гетеросексуалы и друзья-гомосексуалисты, которые остались рядом со мной. Мне помогают почти все».

Джон часто практикует визуализации и аффирмации. «Я расслабляюсь и держу в руках кристалл. Кристалл усиливает энергию. У меня есть три или четыре любимые аффирмации. Желательно для большей эффективности повторять их десять раз. Я обычно говорю о своем высшем «я», которое в ответе за мою жизнь и поддерживает отличное здоровье в моем теле, а также о созидательной работе, которую мне нравится выполнять, и о взаимоотношениях. Я представляю себе, как Т-клетки распознают вирусы, бактерии и грибки, которые проникают в мое тело; они носят маленькие щиты и пробираются через мою кровь, чтобы бороться с чужаками».

Он также представляет себе, как кровь циркулирует по его телу, наполняя его белым светом и Небесной Любовью.

Джон испробовал несколько видов альтернативной терапии. Восемь месяцев он посещал Чарльза Вайтхауза, чтобы тот проверял его ауру по циклотрону, и, судя по результатам, его состояние «по фактору СПИДа» улучшается. Он также ходил к фитотерапевту, который давал ему разные травы.

Когда его спросили, какой из подходов он назвал бы самым действенным, Джон ответил: «Я думаю, самое важное — это питание, потом забота о сознании и подсознании, и иммунной системе разума. Я просто занимался всем подряд, и что-то сработало: то ли мое подсознание, то ли переданная от матери здоровая конституция, то ли радиотроника и травы...

В настоящее время я словно на качелях: я ем макробиотическую пищу, а потом съедаю кусок торта, — и все же возвращаюсь назад и делаю для себя хорошие, позитивные вещи. Когда я делаю что-то, за что раньше ненавидел себя, то пытаюсь одновременно с этим любить себя, чтобы старые негативные чувства не брали надо мной верх. В свое время, мне кажется, я избавлюсь от всех негативных вещей — например, от пристрастия к алкоголю и сладостям.

Страх играл незначительную роль в моей жизни, в чем мне очень повезло. Я смотрел на СПИД как на шанс вырасти. Я думаю, что заболел по трем причинам: иммунная система моего разума была ослаблена, так как за последние двадцать лет я напичкал свое тело множеством лекарств и антибиотиков, сражаясь с гонореей и другими болячками; кроме того, я принимал наркотики — не так уж часто, но достаточно, чтобы подорвать свое здоровье. Я ничего не могу поделать с лекарствами, которые загонялись в мое тело в те годы, но моя умственная иммунная система может стать сильнее начиная с сегодняшнего дня, и я почти отказался от наркотиков. Пью я тоже немного. Поэтому я и не боюсь СПИДа.

Я смотрю в зеркало, но не вижу там ничего, чего бы мне стоило бояться, потому что я чувствую себя здоровым и выгляжу хорошо. Я знаю, что у меня СПИД, но не боюсь его. Я принимаю себя таким, каков я есть. Правда, если мое состояние вдруг резко ухудшится, тогда я, возможно, буду бояться гораздо сильнее».

Мне кажется, подобного рода рассказы должны многому научить нас. СПИД слабее, чем наша вера — вера в себя. СПИД слабее Бога. А если вы поверите, что ваша вера в себя сильна и идет от Бога, то в вашей жизни произойдет много хорошего.

Лечение

Сегодня еще один совершенный день на Земле. Мы проживем его с радостью. Я уважаю и защищаю свое тело, потому что дорожу своим здоровьем. Мое тело с каждым днем становится все более близким мне. Я люблю эту крепость, этот школьный класс, в котором обитает моя душа. Я глубоко уважаю каждый его орган, мускул, сустав, каждую клетку моего тела. Я использую все свои чувства, чтобы усилить близость с моим физическим «я».

Я благословляю мое тело. Я благодарен Господу за мое тело. Я люблю мое тело. Мы едины с той силой, что создала нас.

Мы спокойны, и все хорошо в нашем мире!

Глава девятая
Преодолеть негативное отношение к себе

Аффирмация:

С любовью мы преодолеем любые препятствия!

Людям даны все необходимые чувства, чтобы помочь им пережить разные ситуации. Ничего не пропущено. Нет хороших чувств и плохих чувств — все они просто чувства, и когда мы переживаем определенную ситуацию, какое бы чувство ни доминировало в тот момент, оно проходит. Когда мы пытаемся убежать от наших чувств, они всегда тут как тут.

Чувства — это мысли в движении внутри нашего тела. Когда мы осознаем, что сами творим свои чувства через мысли — а ведь на мысли мы можем повлиять! — тогда у нас появится способность делать другой выбор и создавать другие ситуации.

Иногда мы создаем у себя потребность чувствовать себя одинокими, что обычно берет начало в детских страхах, или в том, что мы не воспринимаем себя как человека. Как часто вы говорили: «Я хочу, чтобы меня кто-нибудь любил»? Так вот, вы и есть тот самый «кто-нибудь». Если в вашей жизни нет любви, то причина в том, что вы сами не любите себя. Если вы сами не можете находиться наедине с собой, почему кто-то другой захочет быть рядом с вами?

Когда люди серьезно больны, у них забирают энергию врачи, медсестры, больничный персонал. Называть людей «жертвами» — это еще больше унижать их. Давайте прямо сейчас откажемся от слова «жертва»! Больные СПИДом предпочитают, чтобы их называли не «жертвами СПИДа», а «больными СПИДом». Каждый из нас имеет право сохранять свое достоинство в любых обстоятельствах!

Первая реакция на диагноз СПИД

Когда человеку впервые ставится этот диагноз, большая часть из них проходит через следующие эмоциональные реакции:

1. Страх и паника.
2. Отрицание.
3. Гнев и депрессия.
4. Беспомощность.

Первая реакция — страх и паника. Это естественно и нормально: вы сталкиваетесь с чем-то неизвестным. Вы слышали множество ужасных историй, а самый распространенный прогноз — «смертельное заболевание».

Затем наступает стадия отрицания. «О нет, только не я!», «Этого не может быть!», «Это не моя вина!». А потом гнев обращается внутрь и сменяется депрессией: «Буду просто сидеть и смотреть на стенку».

Депрессия может перейти в чувство беспомощности и безнадежности. «Ничего теперь не поделаешь...», «Какой теперь в этом смысл?», «Зачем теперь стараться?», «Мне остается просто написать завещание и умереть».

Иногда сюда примешивается и сожаление — очень разрушительная сила. Мы говорим себе: «Если бы я не сделал того-то и того-то, я был бы сейчас здоров». Это в корне неверно! На самом-то деле состояние, в котором вы сейчас находитесь, — это всего лишь отражение обстоятельств, в которых вы находились в тот данный момент времени и в данной точке пространства. Принять это — значит сделать первый шаг к внутреннему ладу и любви.

Естественно и нормально пройти через все эти стадии, но так же естественно и нормально оставить их позади. Позвольте себе выплеснуть все свои чувства: плачьте, гневайтесь, капризничайте, позвольте своему телу выразить все, что творится внутри его, — а затем спросите себя: «Что я могу сделать, чтобы мне стало легче?». Именно тогда вы и должны обратиться за помощью.

Гнев

Как много гнева в СПИДе! Гнева на саму болезнь. Кроме того, СПИД часто возрождает к жизни старый гнев, который был похоронен много лет назад: гнев на наши семьи за унижение и давление, которому мы подвергались, гнев на них за то, что они отвергли нас, когда мы не реализовали их мечты... А для геев — гнев на родителей за нежелание признать их сексуальную ориентацию, гнев на изоляцию, которая часто сопутствует болезни, гнев на все эти глупые законы и правила, которые говорят, что человек или группа людей недостаточно хороши, гнев на правительство и церковь за то, что они из-за моральных предрассудков позволили умереть многим людям.

Гнев на друзей и любовников, которые в страхе бросили вас. А главное — мы гневаемся на себя за то, что создали условия, при которых СПИД овладел нашим телом. Гнев на самих себя, потому что у нас нет ответов на вопрос «Что делать?», гнев из-за чувства своей беспомощности и зависимости.

Есть еще более сильный гнев на врачей, которые тоже не знают, что делать, и часто бездумно подписывают нам смертный приговор. Гнев на огромные финансовые траты на лечение и лекарства, которые не помогают. Гнев, гнев, гнев... Ярость и беспомощность. Что можно сделать с этими сильными чувствами? Как можем мы справиться с гневом, перевести эмоции в позитивное русло? Подавить гнев и позволить ему укорениться в наших телах — опасный путь. Мы должны выпустить наши чувства наружу.

Например, мы можем «поговорить» с людьми, на которых гневаемся, и таким образом разрядиться. К сожалению, слишком часто это невыполнимо. В таком случае есть и другие способы! Мы можем бить подушки, колотить боксерскую грушу, бегать или играть в теннис.

Мы можем заниматься медитацией, освобождаясь от нашего гнева, прощая себя и других. Мы можем говорить или кричать на других людей, стоя перед зеркалом. Но когда бы вы ни выпустили свой гнев на других — во время медитации или перед зеркалом, — вы должны заканчивать это, прощая их и говоря, что вам действительно нужны их любовь и одобрение. Если же этого не будет сделано, ваши упражнения станут просто негативными аффирмациями, которые не обладают целительной силой.

Упражнения на высвобождение гнева

Здесь приведены упражнения, направленные на высвобождение гнева. Посмотрите в свои глаза в зеркале. Представьте себя или человека, который, как вы думаете, обидел вас. Скажите этому человеку конкретно, почему вы на него гневаетесь. Не сдерживайте себя, вы можете говорить нечто вроде:

1. Я зол на тебя, потому что...
2. Я оскорблен, потому что ты...

3. Я боюсь, потому что...
4. Мне хочется сделать с тобой...

Просто выпустите гнев! Когда вы закончите выражать свой гнев к этому человеку, скажите:

5. О'кей, все забыто.
6. Я освобождаю и отпускаю тебя.
7. Что в моих мыслях стало причиной этой ситуации?
8. Какие убеждения я должен изменить, чтобы больше не испытывать гнева?

Хей-рейд по гневу

Голос: Я пережил нечто удивительное и хочу рассказать об этом.

Два дня назад я считал врачей просто... Ну, скажем, я устал видеть врачей, разъезжающих в кадиллаках. Я думал, что для них эта профессия стала просто самым легким способом делать деньги, стать членами престижных клубов и раскатывать на шикарных машинах.

Поэтому, когда мой врач вызвал меня на прошлой неделе на обследование и за полчаса не сделал ничего, кроме как прослушал меня, постучал по груди и сказал, что я прекрасно выгляжу, а потом прислал мне счет на сто долларов, я взорвался. Я был в ярости. Я написал ему письмо и так и сказал там, что я разъярен его наглостью.

Он ответил очень добрым и полным размышлений письмом, которое сам напечатал. Он писал, что его прием не ограничивается выстукиванием, так как время и внимание, которые он уделяет больным, являются необходимой составной частью лечения. Я ответил ему очень зло. Я написал, что если мне захочется платить за доброту и сочувствие, я найму проститутку.

Л у и з а : Вы все еще гневаетесь.

Г о л о с : Гнев играет важную роль в моей жизни. То, что произошло, дало мне возможность выплеснуть его. Я трижды переписывал свое письмо, говоря себе: «Ты ведь не хочешь так резко отвечать ему, потому что он искренне пытался сделать тебе приятное». Но я получаю все, чего мне недостает, здесь, и не хочу переплачивать врачу!

В тот вечер я написал три разных письма, и каждое было все более мягким, чем предыдущее, но фраза о проститутке была во всех. Я решил лечь спать и подождать утра, хотя мне было очень трудно сделать это.

На следующее утро в почте было второе письмо от моего врача. Он выписал мне бесплатный рецепт на все витамины, которые я получал у диетолога. Таким образом, одной бумажкой он сэкономил мне примерно три тысячи долларов! И я понял, что его волновали не только деньги, и очень обрадовался, что не отослал то свое письмо.

Л у и з а : Мы можем многому научиться в своем гневе.

Страх

СПИД заставляет нас встретиться лицом к лицу с нашими самыми большими страхами: страхом потери, страхом быть отвергнутым, страхом перед беспомощностью и одиночеством, страхом перед болью и, разумеется страхом смерти.

Но надо помнить, что когда вы чего-то боитесь, вы всегда преувеличиваете опасность. Многие больные говорили о своей болезни: «Это на самом-то деле не так уж и плохо» или «Я смог, как видите, справиться с этой штукой!» Постоянный страх очень угнетающе действует на нашу иммунную систему. Когда люди со СПИДом позволяют своему страху взять над ними верх, я спрашиваю их, чего они боялись, когда у них не было СПИДа. И оказывается, что они на все реагировали со страхом.

Для человека, у которого обнаружен СПИД, на передний план выступает страх потери, например, потери независимости. У многих меняется внешность — они опускаются. Люди часто теряют работу. Больные могут бояться потерять людей, места и вещи, которые любят.

Именно в этот момент требуется помощь групп поддержки. Говорите о своих страхах! Не зацикливайтесь на них, а пытайтесь найти способ посмотреть на них со стороны. Спрашивайте других, как они справились со своим страхом. Держитесь подальше от людей с негативным настроем: сейчас в вашей жизни нужны люди, которые всегда добиваются успеха.

Поможет даже такая простая вещь, как дыхание: позвольте себе дышать глубоко и полностью расслабляйте тело и мозг. Делайте это как можно чаще в течение дня — вы сможете думать с большей ясностью, когда вы расслаблены. Многим помогла медитация. Аффирмация «Все хорошо» также несет спокойствие. А когда мы меняем свое отношение к жизни, меняются и события вокруг нас.

Обсуждайте неотвратимость смерти. Неважно, кто мы или какое у нас заболевание, через это переживание пройдут все люди.

Как вы относитесь к смерти? Что, как вы думаете, произойдет с вами, когда вы умрете? Воспитывали ли вас в религии, пугающей адским огнем и серой? Неужели вы действительно верите, что обречены гореть в аду? Хотите ли вы изменить это представление? Сейчас вы взрослый человек и вольны выбирать все что угодно, в том числе и религию. Создайте себе представление о смерти, которое поддержит вас, и спокойно живите с ним.

Чувство вины

Чувство вины — еще один комплекс, от которого лучше избавиться как можно быстрее. Вина не помогает нам, а, напротив, заставляет нас чувствовать себя плохо. А нам это совершенно ни к чему — мы находимся в процессе любви к себе.

К несчастью, слишком многих из нас в детстве заставляли хорошо себя вести, манипулируя именно чувством вины. Как следствие, мы сами все время испытываем это чувство и уверены, что можем заставить других что-то делать, только если они будут чувствовать себя виноватыми. Это отнюдь не исцеляющая привычка!

Очень часто люди принимают на себя вину, будучи уверенными в том, что они недостаточно хороши; или это может быть связано с сексом, с нетипичной сексуальной ориентацией... Возможно, у них возникает страшное чувство вины из-за того, что они больны СПИДом. Но настало время избавиться от этого чувства, что бы ни было ему причиной! Прошлое ушло в небытие, мы его никак не изменим. Сегодня нам лучше распрощаться с ним, а затем сконцентрировать свою энергию и направить ее на поиск пути к исцелению. «Я люблю и принимаю себя таким, какой я есть» — очень хорошая аффирмация для избавления от чувства вины.

Злость

Злость — это гнев, который был подавлен. Вместо того, чтобы выразить его позитивным способом, мы «проглатываем» гнев, считая, что не имеем права гневаться. В результате мы злимся или впадаем в депрессию. Самое же страшное — это то, что злоба гнездится в теле, и, накопившись, начинает «поедать» наши органы и суставы. Рак — это тоже следствие длительной злобы. Разве стоит держаться за старые обиды? Отпустите их! Ради нашего же здоровья! Как это сделать? Просто использовать старое доброе прощение.

Часто рядом со злостью идет горе. Если мы поймем, как обращаться с этой сильной эмоцией и использовать ее себе во благо, то процесс нашего исцеления пойдет быстрее, и наша жизнь улучшится.

Горе

В эти дни мы горюем как никогда раньше. Кто-то сказал мне, что у него умерло 140 друзей. Можете себе представить горе этого человека?

Любовники теряют своих любимых, родители теряют детей... Многим из оставшихся в живых тяжело говорить о своих переживаниях из-за стыда, которым мы окружили это заболевание — СПИД. Когда умирает кто-то, кого вы любите, пройдет не меньше года, прежде чем ослабнет ваше горе. А если друзья умирают каждый месяц или неделю, как можно перестать горевать? Горе становится для людей постоянным спутником.

Горе может быть сильным и всепоглощающим, и мы должны мобилизовать все ресурсы организма, чтобы справиться с ним. Тут нет единых рецептов: часто нам помогают друзья, может помочь медитация. Сейчас в большинстве городов есть группы, которые специализируются на том, чтобы помочь страдающим от горя людям справиться с этим сильным чувством.

Попробуем посмотреть на потерю наших любимых с другой стороны. Я верю, что мы навсегда связаны с теми, кого любим, и можем общаться с ними. С точки зрения материи они исчезли с Земли, и все же связь с ним осталась на умственном и духовном уровнях. Возьмите свои воспоминания: разве они не существуют по-прежнему? Разве для нас они не реальны?

Оставив планету, эти люди больше не страдают от наших предубеждений и страхов. Их восприятие мира расширилось, и они могут дать нам совет, который не ограничен человеческим мышлением. Мы видим часть одной жизни, они видят переплетения многих судеб. Мы можем разговаривать с ними и завершить любое дело, которое они оставили недоделанным; мы можем просить у них помощи, в том числе и помочь нам с нашим горем. Наша потеря происходит только на физическом уровне, остальные связи не исчезают. Не отворачивайтесь от людей, которые ушли, оставайтесь с ними в контакте.

Упражнения в горе

Мой друг Сэмюэль Киршнер написал замечательное упражнение: «Глубоко вдохните и выдохните. Следите за своим дыханием, держитесь его ритма.

Представьте себя на тропинке через лес. Это прекрасный день, дует легкий ветерок, сквозь деревья пробиваются лучи солнца. Вы выходите на берег широкой реки. Продолжайте дышать в том же ритме. Когда вы подходите к воде, вы видите в ней свое отражение. На поверхности воды появляются маленькие волны, и ваше отражение искажается. Вы поднимаете голову и видите маленькую лодочку, в которой кто-то сидит. Вы сразу же узнаете своего духовного проводника.

Лодка подплывает ближе, и ваш духовный проводник приглашает вас сесть в нее. Вы чувствуете себя очень уверенно. Лодка тихо движется вниз по реке, ее просто несет течением. Свет вокруг постепенно усиливается, и вы едва осмеливаетесь поднять глаза — так ярко свечение. Этот свет становится теплее и нежнее. Он манит вас к себе, и вы хотите оказаться внутри него.

Сейчас, когда вы смотрите наверх, вы видите маленький остров. Свет тянет за собой вашу лодку. Оказавшись ближе, вы видите хрустальный дворец. Все вокруг залито светло-голубым светом. Когда лодка пристает к берегу острова, вы видите множество существ. Они лишены тел и сотканы из света. Они помогают вам выбраться из лодки и ведут вас за собой, а ваш духовный проводник идет за вами.

В этих существах вы узнаете людей, которые когда-то были близки вам и которые умерли, и все они находятся вокруг этого хрустального дворца.

Вас вводят внутрь, в большую комнату, сделанную из хрусталя. Вы видите перед собой всех тех, кто был вам дорог и кто покинул планету. Сейчас вы можете поговорить с ними и сказать им все, что не сказали перед их уходом. Вы можете задать им любые вопросы, они с готовностью ответят вам. Они кажутся очень счастливыми и спокойными.

Вы не сдерживаете чувств, потому что это правильно и приветствуется ими. Вы говорите им, как скучаете по ним, как сильно они влияют на вашу жизнь, как они близки вам и каким трудным и внезапным был их уход. Они понимают и принимают все, что вы им скажете, все, что вы пытаетесь выразить словами.

И вы рассказываете им, как вы обходитесь без них в этом мире, как вы боитесь за себя. Вы просите у них прощения и получаете его, и прощаете себя. Ваш духовный проводник поддерживает и успокаивает вас. Вы продолжаете. Вы говорите им, что их жизнь была прожита не зря, говорите о том, как сильно они обогатили вашу жизнь, как много они для вас значат. Вы просите их не прерывать вашу связь и наставлять вас в будущем.

Вы продолжаете дышать. Если у вас есть родители, которых вы потеряли, вы тоже встречаете их вместе с другими членами семьи, друзьями и любовниками. Вы продолжаете дышать. А потом вы высвобождаете свой гнев, и его поглощает свет.

Если хотите, повернитесь к кому-нибудь и подержитесь за него. Позвольте, чтобы вас держали. Почувствуйте, как расширяется ваша грудь. Впустите в себя побольше воздуха. Задержите его и выпустите. Пройдите сквозь череду тех красивых, сделанных из света существ, с которыми вы связаны. Они с любовью машут вам. Они любят вас и полностью понимают.

Вы знаете, что когда-нибудь снова встретитесь с ними, а сейчас должны вернуться назад. Вы все еще в человеческом теле, вас ждут незавершенные дела и уроки жизни, которым вы должны научиться... Вы машете им в ответ, зная, что разлуки не будет. Когда бы вы ни захотели связаться с ними, вы сможете вернуться на этот остров с хрустальным дворцом.

С помощью своего проводника вы снова забираетесь в лодку. Свет все еще яркий и искушающий, но вы должны возвращаться. Вместе вы отчаливаете и плывете по реке. Река смывает ваши слезы, и постепенно свет ослабевает. Ваш проводник благодарит вас за желание оставаться человеком и подвозит к берегу. Сейчас ваше отражение в воде очень четкое. Вы вернулись. Горе ушло».

Лечение

Сегодня еще один совершенный день на Земле. Мы проживем его с радостью. Я открыт и принимаю силу, счастье и спокойствие. Я собираюсь строить свою жизнь на надежде, мужестве и любви. Сейчас я принимаю все хорошее как что-то абсолютно органичное, естественное для себя. Любовь в моем мире — это волшебная исцеляющая сила. С помощью любви я приступаю к трансформации моей жизни.

У нас есть сила и мощь, чтобы преодолеть то, что кажется непреодолимым. Мы едины с той силой, что создала нас.

Мы спокойны, и все хорошо в нашем мире!

Глава десятая

Прощение: путь к личной свободе

Аффирмация:

Я готов прощать!

Прощение

Наша единственная цель — любовь, а путь к ней лежит через прощение. Как вы уже могли заметить, в этой книге снова и снова повторяются слова о любви и прощении. Да, это очень просто, но это помогает! Любовь — исцеляющий ответ на прощение. Если нам тяжело любить себя, то только потому, что мы не умеем прощать. Мы ищем себе оправдания и становимся самодовольными. Мы можем быть «правы», но мы все равно несчастливы. Мы можем винить всех и вся — и не видеть свое собственное нежелание освободиться.

Я хочу поделиться с вами отрывком из письма ко мне одного молодого человека, который в конце своей жизни решил всех простить и в буквальном смысле слова возродился.

«Четыре года назад мне поставили диагноз «саркома Капоши». К счастью, в течение первых трех лет у меня не было внешних поражений. Однако в январе этого года у меня стали появляться изъязвления во рту и на лице. К октябрю их число приблизилось к сотне.

После того как я побывал на вашем семинаре, я стал посещать нью-йоркский центр «Исцеляющий круг» и работать с вашим учителем Сэмюэлем Киршнером. В начале октября мне стало очень плохо. Я весил уже всего 122 фунта (мой рост 5 футов 11 дюймов) и все время проводил в постели, не в силах делать что-либо. Меня постоянно мучили лихорадки и простуды. Когда я смог подняться, я сделал рентген, и сказали, что у меня пневмоцистная пневмония. Врач сказал, что у него сейчас нет свободных мест в больнице, и прописал мне бактрим.

Мы с моим любовником перепробовали все, чтобы я мог проглотить эти таблетки: мы даже перемалывали их и закладывали в маленькие капсулы, но меня всегда рвало после них. У меня резко повысилась температура и началось сильное обезвоживание организма. Несколькими ночами позже, около 23 часов, после длительной рвоты, я сказал «хватит». С этой минуты я покончил с медициной, таблетками и больницами. Если мне суждено умереть, то я сделаю это в своей постели и так, как захочу!

Мы долго говорили с моим любовником. Он разрешил мне уйти: сказал, что если мне легче умереть, то он поддержит меня. Тогда я позвонил своей матери, которая все это время была мне настоящим другом. Я сказал ей, что решил умереть естественным путем, дома, и мне нужно ее разрешение. Она сказала: «Один раз я уже перерезала пуповину и сделаю это снова, чтобы ты мог возродиться».

Я попрощался и приготовился умереть. Я перебирал всех людей в своей жизни, прощал их и отпускал. Я вспомнил все свои страхи. За этим занятием я провел почти всю ночь. Затем я увидел Свет и стал ждать смерти, так как знал, что мое тело больше не может существовать. Я сделал все, что вы советовали в своей книге «Ты можешь исцелить свою жизнь».

На следующее утро, когда взошло солнце, я был очень спокоен и сдержан. Внезапно я почувствовал прилив энергии. Я был в прекрасном настроении и даже запел. В течение дня я чувствовал себя все лучше и лучше. Все это время меня окутывало невероятное спокойствие.

В тот вечер в группе поддержки я поделился своими переживаниями с семьюдесятью людьми. Мне сказали, что на меня снизошел Свет, и это было чудо! Сейчас прошло несколько дней, и я чувствую себя сильнее, чем прежде: мои кожные высыпания исчезают прямо на глазах. Впервые за много лет мне позвонил отец, и наши отношения полностью наладились. Сейчас я знаю, что чудеса случаются, если (как вы и говорили) мы готовы *работать*».

Я читала это письмо многим людям, потому что оно так вдохновляет! Прощение может дать вам возможность почувствовать себя ближе к Свету. Не обязательно знать точно, как прощать — достаточно просто захотеть этого.

Готовность прощать откроет все двери и выведет на путь: другой человек может сам позвонить вам или как-то заговорить о прошлом, так что вы оба пойдете навстречу друг другу.

Упражнение на прощение

Все проблемы в межличностных отношениях могут быть связаны с отсутствием прощения. Помните: вы должны начать с себя. Здесь я привожу простые упражнения, как помочь себе простить.

1. Спросите себя, что труднее всего простить? Кого труднее всего простить? Почему?

2. Если вы действительно хотите простить этого человека, вы легко это можете сделать. Почему же вы держитесь за старую обиду?

3. На что бы вы хотели поменять свои отрицательные эмоции? Можете ли вы проявить понимание в ответ на предательство? Сострадание в ответ на оскорбление? Можете ли вы подарить прощение?

4. Хотите ли вы изменить свои старые представления о том, что «я достоин оскорбления» на «я достоин заботы»?

5. Как сильно вы хотите отказаться от старых идей ради новой свободы, которую несет прощение?

История Нэнси

«Как говорится, Бог никогда не даст тебе больше того, с чем ты можешь справиться. Временами я гадаю, сколько еще выпадет на мою долю, но всегда нахожу в себе силы».

Это замечание типично для Нэнси, которая в свои сорок буквально лучится энергией. Ее нельзя назвать типичной домашней хозяйкой с Беверли Хилл, хотя она действительно живет в роскошном доме на холме. Нэнси — счастливая в браке маленькая брюнетка с сияющими глазами, она гордая мать красивой, недавно удочеренной девочки. Она — одна из основателей проекта по СПИДу в Лос-Анджелесе и только что получила премию за свою упорную работу. Она также только что узнала, что и сама заражена СПИДом.

Оглядываясь на причины, которые могли привести ее к болезни, Нэнси признается: «Пять лет назад я вела очень свободный образ жизни и любила повеселиться. Я истощила свой организм, так как всегда наслаждалась жизнью на полную катушку».

Она также говорит, что никогда не относилась к людям, которые сознательно придерживаются правильного питания. «Во время работы в Центре поддержки я постоянно сталкивалась со смертью, но не позволяла себе горевать и очень многое носила в себе. Правда, когда я стала работать с больными, я отказалась от большинства своих плохих привычек и заменила их чем-то более конструктивным».

Нэнси замолкает и потом бурчит себе под нос: «Но я по-прежнему обожаю ходить на танцы!»

В начале этого года Нэнси повредила ногу в спортзале, а затем ударила ее о кресло. Место ушиба загноилось, так что ей пришлось лечь в больницу на операцию. «Я думаю, именно тогда были уничтожены остатки моего иммунитета, особенно если вспомнить, какие дозы антибиотиков я получала».

Она вернулась домой из больницы, но рана не заживала. «Однажды вечером, поднявшись по лестнице, я с трудом восстановила дыхание. До этого, за исключением редких поносов, у меня совершенно не было симптомов СПИДа. Я чувствовала себя отлично, так что дыхание стало единственной моей проблемой».

На следующий день Нэнси прошла тестирование, и у нее была обнаружена пневмоцистная пневмония. Она провела десять дней в больнице, лечась бактримом, «который я принимала вместе с огромными дозами мегадофила, чтобы защитить свой желудок, так что, как только антибиотики уничтожали полезные бактерии, мегадофил восстанавливал их. Я рекомендую мегадофил всем, кто лечится таким образом».

Она вернулась домой и возобновила свою активную жизнь. Они с мужем отправились в круиз вокруг Аляски, а по возвращении Нэнси начала принимать экспериментальный препарат «компонент С». «Он очень эффективно поддерживает иммунную систему. У него практически нет побочных эффектов, и он выпускается в виде таблеток, которые я принимала каждые четыре часа».

Примерно в то же время у Нэнси начались лихорадки. Затем, во время путешествия в Санта-Фе, она попала в больницу с обезвоживанием организма, но врачи не смогли ничего обнаружить. У нее резко подскочила температура.

«Я вернулась в больницу, и они сказали мне, чтобы я готовилась к худшему. Врач спросил меня, не хочу ли я что-либо сказать ему. „Я никуда не уйду, — ответила я. — Когда нам надо будет поговорить об этом, мы поговорим, но сейчас я никуда не собираюсь уходить“.

Мне снились кошмары, и во время этого кризиса я с трудом фокусировалась на своем духовном „я“. Я много разговаривала с Богом, но пропускала внутреннюю работу, которую обычно делала каждый день».

Витамины и питание стали играть огромную роль в ее жизни. Она консультируется у фитотерапевта и участвует в программе по витаминам. «Я принимаю витамины В, С, иммуноплекс, аминокислоты и мультивитамины. Я стараюсь не есть много «пустой» пищи, но еще не изменила свою диету. Правда, вместо кофе я пью его суррогат из ячменя.

Больше всего поддержки я нашла внутри себя. К тому же, мне повезло жить с людьми, которые духовно в ладу с собой. Мне пришлось прекратить контакты со многими друзьями, которые все еще ведут разгульную жизнь, потому что я им завидую, а воля у меня слабая. Я знаю, что остаться дома с книгой в руках поможет мне больше, чем то, что я делала раньше.

Многие из моих друзей нашли себя духовно, и я счастлива, что они достигли гармонии, ведь это самое главное. Мне кажется, тут должна «сработать» комбинация из множества различных вещей. Так как каждый человек уникален, ты не можешь сказать: „Это же помогло тому человеку — значит, поможет и мне“. Я считаю, что каждый должен искать только то, что подходит именно ему».

Нэнси также рекомендует окружить себя как можно большей любовью. «Не могу поверить, как много любви я нашла в своей жизни!»

В течение многих месяцев, Нэнси не решалась рассказать все своей семье. «Причиной был страх отторжения, но когда тяжесть моего пребывания в больнице стала очевидной, я решила больше не скрывать правду. Они необыкновенно поддержали меня! Они прилетели через два дня после того, как я попала в больницу, и оставались рядом все время, пока не увидели, что мне стало лучше».

Медитации и развивающе-философское чтение были частью жизни Нэнси задолго до ее болезни, и они помогли ей осознать силу ее внутреннего разума. «Я впервые посетила семинары Луизы Хей, когда они проводились в ее гостиной всего для десяти человек. Луиза всегда оказывает на меня успокаивающее воздействие. В любом случае, я три раза в день медитирую и проговариваю аффирмации.

Сейчас во мне царит спокойствие, которого я не знала раньше. Когда человек сталкивается с угрожающей жизни болезнью, он вынужден возвращаться к тому, что раньше откладывал в сторону. Я думаю, что заболела, чтобы расчистить „склад“ различных проблем в моей жизни, и пока я не закончу с этим, я не смогу „перейти черту“ и выяснить, что же там дальше. Я верю в реинкарнацию, и это тоже несет мне душевный комфорт. И хотя еще бывают дни, когда я безумно боюсь, я работаю над собой, избавляясь от страхов и контролируя все, что со мной происходит.

Я не вижу в себе ничего отличного от того, что происходит с больными-мужчинами. Не читайте статистики и помните, что ваш случай особенный. Когда у меня во рту появилась саркома Капоши, я решила провести курс химиотерапии. Некоторые люди рассказывали мне об этом ужасные вещи, но я слушала и других, которые говорили о надежде и возможной удаче. Осознайте, что вы уникальны и болезнь эта тоже уникальна. Одни люди умирают, другие живут, и вы сами должны взять на себя ответственность за решение вопроса — жить или умирать. Сейчас я чувствую в себе желание жить».

Лечение

Сегодня еще один совершенный день на Земле. Мы проживем его с радостью. Никто не заберет у меня то, что дано мне по праву. И хотя я могу не знать, как прощать, я хочу прощать, уверенная, что найду помощь на каждом отрезке своей жизни. Я хочу простить всех, кто когда-либо сделал мне что-то плохое. Это мой день всепрощения. Я прощаю себя за все прошлые обиды в отношении как себя, так и других. Я освобождаю себя от тяжести вины и стыда.

Я ухожу прочь от прошлого и живу с радостью, принимая каждое мгновение жизни.

Я свободен. Мы едины с той силой, что создала нас.

Мы спокойны, и все хорошо в нашем мире!

Глава одиннадцатая
Создаем позитивное отношение к жизни

Аффирмация:

*Я выбираю
наслаждаться своим совершенным днем!*

Жить, когда ты болен СПИДом — это огромный урок в том, чтобы принимать все, как есть. Возможно, сознательно мы бы никогда не сделали этого, однако СПИД существует, и после того, как мы прошли через первые стадии страха, отрицания, гнева и безнадежного смирения, надо переходить в более позитивную фазу.

СПИД — время учиться. Чему мы способны научиться у этого заболевания и как можем поправить свое здоровье? Мы можем злиться на болезнь и использовать этот гнев, чтобы сделать все возможное, лишь бы ее уничтожить. Но мы не должны злиться на себя — даже если отчетливо видим, как сами пришли к тому, чтобы заболеть. Нельзя осложнять свою жизнь гневом на себя!

Работа с зеркалом

Сядьте перед зеркалом, с любовью глядя в глаза своему отражению, и скажите:

«Я люблю тебя, я в самом деле люблю тебя!»

Занимайтесь этим сразу как только встанете утром и перед тем как лечь. Делайте это в течение дня. Если при этом появятся неприятные ощущения, подождите, пока они исчезнут — это всего лишь старые мысли, которые ограничивали вас в прошлом, и они уничтожаются вашим желанием полюбить себя.

Вы можете также подойти к зеркалу как только проснетесь и сказать: «Я люблю тебя. Что я могу сделать для тебя сегодня, чтобы ты был счастлив?». Затем прислушайтесь к своим внутренним потребностям. В первый раз это может быть что-то незначительное, но прислушиваясь, вы начнете доверять себе, и скоро обнаружите, что вам легче доверять и остальным.

Если происходит что-то для вас неприятное, немедленно подойдите к зеркалу и скажите: «Все в порядке, я по-прежнему люблю тебя». Вы должны всегда помнить, что любовь к себе намного важнее любого переживания: эмоции стихнут, а ваша любовь останется неизменной.

Если происходит что-то восхитительное, подойдите к зеркалу и скажите: «Спасибо!» Признайте, что вы — причина всего хорошего в вашей жизни. Чем больше вы уважаете себя, тем чаще у вас будет повод для этого уважения.

Посмотрите в свои собственные глаза и скажите: «Я прощаю и люблю тебя». У всех нас есть за что просить прощения: мы так суровы к себе, так критичны! Мы «бьем» себя за каждую ошибку, пусть даже ничтожную. У нас всегда найдется повод говорить о прощении себя!

Используйте зеркало и для общения с другими людьми. Здесь вы можете сказать им то, что боитесь сказать при личной встрече, можете разобраться со старыми проблемами, можете простить этих людей. Вы можете попросить у них любви и одобрения.

Работа с зеркалом для исцеления личности

Вы также можете использовать зеркало для исцеления своей личности — зеркало всегда говорит правду о нас. Вы можете сказать своему отражению: «Я хорошо забочусь о тебе. Вместе мы сделаем все, чтобы исцелиться. Я хочу понять то, что мне нужно понять, я хочу измениться и духовно вырасти. Сейчас я привлекаю к себе все, что мне нужно на физическом уровне, чтобы исцелить себя. Я благословляю любовью состояние, которое называется СПИД, и хочу отпустить его и позволить ему уйти. Я люблю свою иммунную систему и делаю все возможное, чтобы она стала сильной и здоровой. Мне легко следовать новому здоровому образу жизни. Мое тело с каждым днем становится сильнее. Я чувствую себя лучше и я выгляжу лучше. Я спокоен. Все хорошо в моем мире!»

Если вы начнете так день, то проживете его с более позитивным настроем. Мы не можем ждать, пока медицина обнаружит химическое средство против СПИДа — мы должны сами найти свой путь, чтобы укрепить нашу иммунную систему. Например, правильное питание. Помогут также физическая нагрузка, медитация и визуализации. Позитивный настрой — прекрасный усилитель наших действий. И, разумеется, любовь. Любовь к нам самим и другим людям — самый мощный из известных сегодня стимуляторов иммунной системы.

Как я уже говорила много раз, причина трудностей, с которыми сталкиваются люди перед зеркалом, в том, что зеркало говорит только правду. Когда мы смотрим в него, то видим отражение собственных мыслей. И если мы не любим себя, нам трудно смотреть себе в глаза. Я заметила, что даже самые красивые люди будут осуждать свою внешность в зеркале, если они не любят себя.

С другой стороны, зеркало — одно из самых мощных орудий, которые помогают нам изменить жизнь. Если, глядя в зеркало, говорить себе позитивные вещи, или, как я это называю, «проводить работу с зеркалом», то изменения наступят быстрее.

Я видела множество людей, которые изменили свою жизнь, просто глядя в зеркало и говоря: «Я люблю тебя, я в самом деле люблю тебя». Вначале это казалось им лживым или даже странным. Да, это упражнение вначале может вызвать гнев, или грусть, или даже страх. И все же, если мы продолжаем произносить эту простую аффирмацию каждый раз, когда оказываемся перед зеркалом, наша внутренняя энергия начинает меняться, освобождаясь от разрушительных мыслей и поведения. Пройдет время, и мы поймем, что действительно любим себя.

Вы можете использовать зеркало, чтобы говорить людям вещи, которые боитесь сказать им при личном общении. Разговаривайте с родителями, любовниками, начальством, врачами — всеми, с кем вам надо что-то обсудить. Учитесь требовать повышения по службе или объясняйтесь в любви, или просите прощения. Это удивительным образом поможет вам устранить все недоразумения, и когда вы в следующий раз встретитесь с тем человеком, что-то изменится. Если вы стали чужими с родителями используйте зеркало, чтобы сократить дистанцию между вами. Посмотрите в зеркало и скажите: «Мам (или, пап), я хочу, чтобы ты знала, кто я есть на самом деле». Потом скажите им, какой вы замечательный. Скажите, чего вы хотите от них. Скажите о том, как бы вы хотели, чтобы сложились отношения между вами. И всегда заканчивайте разговор, давая им понять, как вам важны их любовь и одобрение. Если вы будете делать это каждый день в течение двух-трех недель, а потом позвоните им или приедете в гости, вы сами поразитесь тому, как они изменились к вам.

Позитивный подход к собственным недостаткам

Если у вас СПИД или близкое СПИДу заболевание, не ставьте перед собой цель просто вернуться в состояние, которое было у вас до болезни: вряд ли оно было особенно хорошим, иначе вы бы никогда не заболели. После того, как вы были инфицированы, вирус терпеливо ждет в вашем организме, чтобы ваша иммунная система ослабла, и тогда берет верх. Множество людей сейчас являются носителями вируса, но никогда не заболеют, потому что их иммунная система сильна, и такой останется.

Значит, чтобы побороть болезнь, важно иметь крепкую иммунную систему. Это ваша обязанность. Часто мы напрасно тратим свою энергию, ища заветную таблетку, которая немедленно сделает нас здоровыми — и возвращаемся к тем действиям, которые как раз и стали причиной заболевания.

Мы ищем волшебное лекарство... Да, эти природные и синтетические препараты могут быть чудесными, но они дают только один — телесный — аспект исцеления. Между тем, тело, ум и дух также должны исцелиться. Если врачи завтра найдут лекарство от СПИДа, действительно ли вы исцелитесь? Или вы просто примите лекарство для своего тела и немедленно вернетесь к своей прежней жизни, чтобы на месте СПИДа появилось что-то еще?

Это ваша жизнь, вам и решать, что с ней делать. Ни один врач или целитель не будет работать на вас, если вы сами того не захотите. Если вы решили принимать активное участие в процессе лечения, делайте это с радостью и любовью. Каждый человек обладает целительной энергией. Я встречала многих больных, которые победили СПИД, и сейчас хотят донести знания по самоисцелению до всех людей.

История Тома

«В воскресенье 19 августа 1984 года, ровно в восемь утра был дан старт ежегодного марафона в Сан-Франциско. Я и несколько членов моего клуба любителей бега влились в толпу десяти тысяч других бегунов. Во время бега я думал о пурпурном пятне на щеке, которое не проходило уже два месяца. Я отлично пробежал дистанцию и, к своей радости, финишировал седьмым.

Вскоре после марафона я решил провести биопсию этого пятна на щеке. Была диагностирована саркома Капоши. Помню, как я сидел, потрясенный до глубины души, в офисе дерматолога и думал: „Этого не может быть...“ Однако, как ни странно, этот кошмар стал для меня самым значительным временем моей жизни. О да, я, как и другие, пережил мысли о самоубийстве, гнев, депрессию, шок и мысли типа „но почему именно я?!“ Следующие двадцать четыре часа я дюжину раз составлял в уме свое завещание, воображая, как пройдут мои похороны и даже кто придет на них!

В тот вечер мне дали пленку, записанную доктором Эмметом Миллером „Целительное путешествие“. И пока я слушал ее, я внезапно вновь почувствовал себя ответственным за свою жизнь. На следующее утро я вышел на улицу и увидел пальмы, голубое небо, цветы и осознал, какой это бесценный дар — жить на Земле. Моя жизнь изменилась, и я стал наслаждаться каждым ее мгновением, здесь и сейчас, намного сильнее, чем прежде.

Мой любимый всячески поддерживал меня, одаривая своей любовью. Когда он узнал о диагнозе, то сразу сказал: „Это ничего не меняет между нами. Я люблю тебя и буду рядом“. Как я был тогда счастлив! Он позволил мне заниматься тем, что для меня важно, а сам взял на себя хлопоты по дому. Я глубоко люблю его и благодарен ему за помощь!

Так как физически я чувствовал себя очень хорошо, то решил, что, заболев, должен изменить мир, неся свет надежды себе и другим людям перед лицом болезни, которая напугала все человечество. Я решил сделать уже существующий семинар по СПИДу более позитивным, обнадеживающим и духовным. Для этого требовалось намного больше, чем те ужасающие данные, которые обрисовывали страшное лицо СПИДа. Я хотел расширить семинар от десяти людей к сотне и начать кампанию среди аудитории не поддаваться СПИДу и верить, что, объединившись, мы можем наслаждаться жизнью, несмотря на болезнь, и мало-помалу преодолеем СПИД.

В то время я и встретил Луизу Хей. Я сразу же увидел ее чудесные способности и дал себе слово купить ее пленку по СПИДу и регулярно общаться с ней. Она помогла мне понять на более глубоком уровне, что не так уж позорно быть геем и что любой секс — это нормально. Я осознал, насколько сильно на меня повлияло мнение других людей в этом вопросе, из-за чего я стал винить и наказывать себя. Как только я избавился от предрассудков, моя жизнь неимоверно расширилась. Я перешел на очищающую диету, ходил на иглоукалывание и каждую неделю консультировался у Луизы. Сейчас я чувствую себя великолепно.

Затем мне представилась еще одна изумительная возможность: ко мне обратились с предложением стать исполнительным директором ежегодных соревнований по бегу на пяти- и десятикилометровые дистанции, выручка от которых должна была пойти организациям, борющимся со СПИДом. Я принял предложение и занялся этим делом, которое возымело небывалый успех: участвовали восемьсот пятьдесят бегунов и триста пятьдесят ходоков!

Так я стал в некотором роде местной знаменитостью. Появляясь на телевидении и радио и печатаясь в журналах, я, в конце концов, решил сообщить своим родным о диагнозе. Когда я в 1979 году рассказал им о себе, мы крупно повздорили, и я боялся, что все повторится вновь. Но они съехались в Лос-Анджелес со всей страны, хотя не одобряли мою сексуальную ориентацию, но полностью поддерживали меня, члена их семьи.

Во время церемонии открытия вечера после бега я рассказал аудитории из двух тысяч человек, как много для меня значит видеть рядом семью в этот самый значительный день моей жизни. Тогда я и сказал моей семье, что люблю их. Аудитория аплодировала мне стоя. Я слился в единое целое со всеми остальными — это был незабываемый момент! Сразу же после этого мэр Джон Хейдман поблагодарил меня за работу, проведенную мною на соревнованиях, и сказал, что я стал образцом для больных СПИДом и всего общества в целом. Это был воистину лучший день моей жизни!

Мой последний проект — это тренировка участников нью-йоркского марафона. Мне предложили дать интервью в журналах „Пипл“, „Эсквайр“ и „Лондон Таймс“. Я скажу им, что моя цель — это жизнь, полная любви и надежды. Я работаю каждый день, чтобы этого достичь, и стараюсь помочь в этом другим. Я благодарю судьбу за свои отношения с Дугом, моими родителями, моей семьей, Луизой Хей и членами общины гомосексуалистов. Я научился любить себя, и это открыло мне путь к моей мечте и осознанию того, что и я что-то изменил в этом мире!»

С тех пор Том покинул нашу планету, но есть многое, что мы можем почерпнуть из его позитивного отношения к СПИДу. Стоит ли любое заболевание того, чтобы человек отказывался от своей жизни? Том по-настоящему прожил каждое мгновение каждого дня. Так же можете сделать и вы.

Лечение

Сегодня еще один совершенный день на Земле. Мы проживем его с радостью. Позитивные исцеляющие мысли — это то, о чем я хочу думать. Все звезды и планеты находятся на своих совершенных орбитах, подчиняясь Небесным Законам; то же происходит и со мной. Возможно, я не понимаю своим ограниченным человеческим разумом всего, что происходит, однако, я знаю, что на космическом уровне, я нахожусь на своем месте, в нужное время и делаю подобающую мне работу.

Этот опыт — ступенька на пути к новому знанию и великим победам. Мы едины с той силой, что создала нас.

Мы спокойны и все хорошо в нашем мире.

Глава двенадцатая

Узнаем свою иммунную систему

Аффирмация:

Мой иммунитет с каждым днем становится все сильнее!

Иммунная система — это хранитель нашего тела. Она эффективна и предана нам.

Эта система работает с самого нашего рождения, она уничтожает непрошеных «гостей» и охраняет наше тело. Чтобы поддерживать хорошее здоровье, нам нужна сильная иммунная система. Вы когда-нибудь благодарили ее? Если нет, то найдите время и сделайте это прямо сейчас!

Мы знаем, что любовь — самый мощный из известных стимуляторов иммунной системы. Если любовь усиливает иммунную систему, тогда что же ослабляет и истощает ее? Злоба, страх, грусть, ярость, ревность, отчаяние, жалость и ненависть к себе. Как часто и как долго вы предавались этим истощающим иммунную систему чувствам? Ничего страшного, когда подобные чувства на короткое время овладевают вами; однако, если вы решили так и оставаться в этом истощающем эмоциональном состоянии, вы только вредите своей иммунной системе!

Как же ее укрепить? Меняя себя. Меняя наши представления о себе самих. Любя себя таким, какой ты есть. Желая проститься с прошлым и простить. Наши тела всегда отражают состояние нашего сознания на данный момент. Помните: когда мы меняем свои представления, мы должны меняться вместе с ними — и физически, и эмоционально. Когда мы меняемся, нам часто уже бывает не нужно старое заболевание. Это неотъемлемая часть того, как сделать себя цельным человеком и исцелить себя.

Если у нас негативный настрой мыслей, сейчас самое время его изменить. Когда мы освобождаемся от одних эмоций, их место должны занять другие. Мы можем сами регулировать этот процесс, желая заменить:

злость	на понимание,
страх	на спокойствие,
грусть	на прощение,
ярость	на любовь,
ревность	на радость,
отчаяние	на надежду,
жалость к себе	на ответствен- ность перед собой,
отторжение	на принятие,
ненависть к себе	на любовь к себе.

Мы начнем с сознательного выбора. Когда мы заметим, что злимся, скажем: «Нет, я выбираю понимание!» Если мы грустим, то думаем о прощении, если мы испытываем гнев или ярость, то должны постараться превратить их в любовь. Если мы ревнуем, то начинаем радоваться счастью другого, если мы в отчаянии, то ищем надежду... Вместо того, чтобы сидеть и жалеть себя, мы должны брать на себя ответственность за свои поступки. Отторжение может и должно превратиться в принятие, а ненависть может и должна стать любовью к себе, если мы этого захотим!

Но это не произойдет за один день: старые привычки умирают медленно. Помните: они жили в нас много лет, поэтому требуется время, чтобы их заменить. И все же, если приложить усилия, результат не заставит себя ждать: через некоторое время мы обнаружим, что стали думать по-другому; мы заметим, что более спокойно реагируем на события — уже не расстраиваемся так часто, как бывало. Да и сами события изменились! В нашей жизни появилось больше хорошего. Все это — положительная стимуляция нашей иммунной системы и здоровья нашего тела.

История Питера

«Я художник, и выражаю себя в своих творениях. Думаю, любой может самовыражаться и не держать все внутри». Физически Питер и сам произведение искусства. Его постоянно преследуют фотографы, которые предлагают ему работу. Карьера манекенщика напрашивается для него сама собой, но он хочет заниматься другим. Скоро он начнет разрисовывать гигантскую фреску, чтобы собрать деньги для больных СПИДом.

Но так было не всегда. Шесть лет назад здоровье Питера сильно пошатнулось, и этот кризис перевернул всю его жизнью. «Я чувствовал, что моя болезнь вызвана душевным состоянием, и считал себя жертвой. Тогда было еще рано говорить, был ли это СПИД, потому что никто о нем не знал, да это и неважно. Важно то, что я был сильно болен и оказался перед выбором — жить или умереть».

У Питера был хронический мононуклеоз в течение шести месяцев, а в лимфатических узлах на шее, под мышками и в паху начались злокачественные перерождения. На какое-то время ему стало лучше, а потом, через четыре месяца, все повторилось. Он сильно потерял в весе, его мучили приступы потливости, вялость и чувство постоянной слабости. Питер ходил от одного врача к другому, но они могли только предложить ему все новые и новые обследования. Он потерял работу, его отношения с партнерами стали разрушительными для обеих сторон, а его самооценка упала до нуля. «Я был жертвой. Я был несчастен с собой и своей жизнью, поэтому и заболел. В основе всего была моя нелюбовь к себе».

Его вес упал до 114 фунтов (рост Питера превышает шесть футов), а кожа приобрела землистый оттенок. Он потерял веру во врачей, потому что «они не понимали, что происходит». Именно в этот момент Питер посетил иридодиагноста — специалиста, который диагностирует по радужной оболочке глаз. «Глаза — это зеркало нашей души». Он увидел, что тело Питера разбалансировано, и согласился работать с Питером при условии, что тот будет участвовать в процессе лечения.

Лечение началось с семидневной диеты, состоящей из морковного сока, дистиллированной воды и трав. Затем Питер начал прием минеральных веществ, содержащихся в определенных продуктах, которые помогали восстановить здоровье его тела. «Когда вы голодаете, начинается процесс, называемый автолизисом, или самоперевариванием. Первое, что переваривается, это слабые или больные клетки».

Этот метод лечения пришелся Питеру по душе, потому что он сам участвовал в воссоздании своего здоровья. «Когда ты идешь к врачу, ты ждешь, что он скажет тебе о чем-то плохом, и ты чувствуешь себя таким беспомощным... Он дает тебе лекарство». Питеру давали антибиотики, которые никак не помогли предотвратить тяжелую грибковую инфекцию в горле. С ней он тоже справился с помощью рационального питания.

Врачи провели биопсию одного из лимфатических узлов в паху Питера и обнаружили там доброкачественную опухоль. Это явилось настоящим поворотным пунктом в болезни Питера. Первое, что он сделал, — навсегда распрощался с врачами. «Я дошел до перекрестка дорог и внезапно увидел еще один путь — через диетологию. Я пошел к диетологам, потому что они давали мне надежду. С их помощью я был в состоянии что-то изменить».

Питер обнаружил, что путь к здоровью требует объединенных усилий ума, тела и духа. Его диетолог был монахом, поэтому он оказывал ему и духовную помощь. «Болезнь отравляет мозг, и если ты лишен любви к жизни, мозгу наносится тяжелый урон. Когда ты приходишь из вселенной любви, твое тело само защитит себя. Я дал обещание своему телу, разуму и духу, что, когда мне станет лучше, ничто подобное со мной больше не случится».

Таким образом, дорога назад, к здоровью, для Питера включала все аспекты его жизни. Он стал изучать диетологию и тратить время на приготовление правильной пищи. Он нашел новую работу, которая ему по-настоящему нравилась, начал ходить в спортивный зал и набрал вес. Он покинул своего любовника и вернулся к родителям. «Это было для меня временем пробуждения. Я стал духовно расти и заново создавать свою жизнь». Важной частью его обязательств перед самим собой было обещание духовно исцелить свою семью и возродить там любовь. Он долгое время не разговаривал с родителями, потому что они с трудом воспринимали его сексуальную ориентацию. «Моя болезнь сблизила нас, потому что они осознали, что лучше иметь «голубого» сына, чем мертвого. Они вырастили меня, но они не могут жить за меня. Мы стали частью друг друга через любовь. Поэтому теперь я регулярно общаюсь с ними. Сближение с ними — большой шаг к моему излечению».

Не менее важным, чем принятие другими его сексуальной ориентации, было принятие ее им самим. «Я не хочу жить по-другому, я не хочу быть гетеросексуалом. Любовь к себе — это и принятие своей сексуальности. Я был геем всю свою жизнь, я родился с этим. Такой я есть, и мне хорошо. В детстве я был очень чувствительным ребенком и страдал от одиночества, потому что не вписывался в компанию других детей, и надо мной смеялись. Но сейчас я понял, что их веселье относилось к другому человеку. Я не могу позволить этим насмешкам нанести вред моему организму. И когда я, наконец, осознал, что со мной все в порядке, я смог выздороветь».

Когда его спрашивают о духовных наставниках, Питер говорит, что самое сильное влияние на него оказывал его собственный внутренний голос. Этот голос есть у каждого, и люди могут научиться прислушиваться к нему. «Это очень важно, потому что мы вступаем в новый век, а любовь — это то, что так нужно многим из нас. Многие пытаются найти ключ к жизни... Это вызывает у меня недоумение, потому что вы можете искать высоко или низко, далеко или близко, и все же ответы будут всегда внутри вас».

Питер признает существование многих замечательных духовных учителей, но считает, что слишком мало людей по-настоящему ищут их. «Я пронес своего духовного наставника через всю свою жизнь. Я всегда слышал свой внутренний голос. Вы должны поддерживать гармонию в себе, иначе ваша жизнь будет в беспорядке, когда ваш разум будет говорить одно, а сердце — другое. Сейчас я прислушиваюсь и к тому, и к другому, но и они слушают друг друга. Я всегда шел за своим сердцем, и чем больше я верю ему, тем меньше ошибок совершаю в жизни».

Питер подчеркивает важность прощения. «Я страшно любопытный человек, и хочу попробовать все: только в этом случае человек может делать выбор с открытыми глазами. Идти по жизни вслепую — значит, потерять ее. Если вы споткнулись, поднимитесь и простите себя. Вы сами решаете, жить ли вам на небесах или в аду, и все ваши поступки отражают этот выбор. Раньше я жил в аду, но мне это больше не подходит».

Фреска Питера получила имя «Трилогия Голубой Луны». Первую часть ее он называет «Канун понимания», и она отражает понимание того, что здоровье и счастье проистекают от любви, которая живет внутри нас. Вторая часть — «Заря новой эры» — изображает время, когда будут открыты двери самопонимания, поддержки и любви, и люди поймут «великую целительную энергию, которой мы все владеем». Последняя часть называется «Великое откровение», и Питер считает, что оно происходит прямо сейчас.

«Чем быстрее мы придем друг к другу, тем быстрее найдем ответы. Мы все изначально едины, и когда вновь объединимся в любви, никто и ничто не встанет на пути этой великой целительной силы».

Лечение

Сегодня еще один совершенный день на Земле. Мы проживем его с радостью. Я знаю, что любовь — самый мощный из известных стимуляторов иммунной системы, поэтому делаю все возможное, чтобы усилить любовь к себе и другим людям. Я с радостью избавляюсь от негативных мыслей, которые мешают этому потоку любви. Я полностью свободен от всех негативных мыслей или событий вокруг меня. У меня нет времени на злобу и гнев.

Сегодня я отпускаю свою болезнь, потому что она мне больше не нужна. Я чувствую, как каждая клетка моего тела отвечает на мою новую силу. Мое обновление происходит в каждое мгновение этого дня. Мы едины с той силой, что создала нас.

Мы спокойны и все хорошо в нашем мире!

Глава тринадцатая
Расслабление, медитация, визуализации, аффирмации

Аффирмация:

У меня есть средства, чтобы помочь себе!

Расслабление и медитация

Расслабление очень важно для процесса исцеления. Крайне трудно позволить целительной энергии течь внутри нас, если мы напряжены и напуганы. Потребуется всего мгновение или два по нескольку раз в день, чтобы позволить своему телу расслабиться. В любой момент вы можете закрыть глаза, сделать два-три глубоких вздоха и выпустить все напряжение, которое вы, возможно, носите в себе. Если вы располагаете большим временем, сядьте или лягте и уговорите свое тело полностью расслабиться. Повторяйте про себя: «Мои пальцы расслабляются, мои ноги расслабляются, мои щиколотки расслабляются» и т. д., работая так снизу вверх над всем телом, или вы можете начать сверху и двигаться вниз.

После этого упражнения вы на некоторое время обретете спокойствие. Частое повторение упражнения приведет к тому, что спокойствие внутри вас будет постоянным. Это очень действенная форма медитации, которую вы можете делать где угодно.

В нашем обществе мы сделали медитацию чем-то таинственным и трудным для понимания. Однако медитация — это один из самых древних и самых простых процессов. Да, мы можем усложнить ее, добавив упражнения на дыхание и ритуальные мантры, и такая медитация прекрасно подойдет натренированным людям. Однако медитировать может кто угодно, это очень легко.

Достаточно сесть или лечь, закрыть глаза и сделать несколько глубоких вздохов. Тело автоматически расслабится. Мы не должны вмешиваться в этот процесс. Можно повторять слова «исцеление», «спокойствие», или «любовь», или что-то важное для нас. Мы можем даже сказать: «Я люблю себя», мы можем спросить: «Что мне надо знать?» или сказать: «Я хочу учиться», а потом просто лежать молча.

Через день или два решение вашей проблемы само придет к вам. Не торопитесь, позвольте всему идти своей чередой. Помните: наш мозг всегда полон самых различных мыслей и вы никогда не сможете думать «по заказу». Позвольте ненужным мыслям уйти самим. Вы можете заметить: «О, сейчас я думаю со страхом или гневом». Не придавайте значения этим мыслям, пусть они несутся мимо как облачка по небу в погожий летний день.

Говорят, если держать спину как можно прямее, и не скрещивать руки или ноги, то это усилит эффект медитации. Не буду спорить. Если сможете, придерживайтесь этого правила. Самое главное — медитировать регулярно. Эффект медитации накапливается постепенно: чем чаще вы ею занимаетесь, тем больше тело и мозг ощущают положительное воздействие расслабления, и тем быстрее вы получите ответы на свои вопросы.

Еще один легкий способ медитации — считать свои вздохи, сидя молча с закрытыми глазами. Сосчитайте «один» на вдох, «два» на выдох, «три» — на новый вдох, и так далее. Просчитайте свои вдохи-выдохи от одного до десяти. Когда вы выдохнете на счет десять, начните все заново. Если ваши мысли разбегаются, и вы обнаружили, что досчитали до восемнадцати или тридцати, — просто вернитесь к цифре «один». Если вы заметили, что думаете о вашем враче, или лекарствах, или о покупках, начните считать снова.

Вы не способны неправильно делать медитацию, и в любом случае она принесет вам пользу. Вы можете найти несколько книг и выучить несколько методов, можете посетить занятия по медитации — только начните! Пусть медитация станет вашей привычкой, насколько это возможно.

Если вы новичок, я бы посоветовала вам заниматься ею всего по пять минут в день: люди, которые сразу же медитируют по двадцать или тридцать минут, скоро начинают скучать и бросают это занятие. Пять минут один или два раза в день — хорошее начало. Если вы сможете делать это примерно в одно и то же время каждый день, то тело начинает «ждать» занятий.

Медитация даст вам небольшой отдых, который исключительно благотворен для исцеления ваших чувств и вашего тела.

Мы все внутри себя храним вселенскую мудрость. Внутри нас есть ответы на все вопросы, которые мы когда-либо зададим. К несчастью, большую часть времени мы так заняты, творя вокруг себя некое подобие «мыльной оперы», которую мы называем своей жизнью, что редко прислушиваемся к своей внутренней мудрости. Медитация создает пространство, где мы можем помолчать и прислушаться к внутреннему «я». Вы даже не представляете, как вы умны! И вы найдете все ответы — только обратитесь к себе!

Визуализации

Мы занимаемся визуализациями все время — это то же самое, что воображение: мы представляем себе или воображаем вещи, которые случились с нами в прошлом или то, чего мы хотим или боимся в будущем. Все люди могут воображать, или визуализировать. Если не верите, просто закройте глаза и представьте себе, к примеру, свою ванную комнату. Разумеется, вы с легкостью это сделаете. Это и будет визуализация.

Когда мы говорим о «занятии визуализациями», то имеем в виду то, что мы создаем в мозгу позитивную картину события, которое хотели бы пережить.

Написаны сотни книг о визуализации и о ее положительном эффекте при исцелении болезни. Сходите в библиотеку и прочитайте все, что есть об этом методе.

Тело, которое по природе своей есть сконцентрированные действия, должно следовать за сознанием, которое представляет собой нематериальную форму этих действий. Если мы меняем наши умственные представления, изменения затрагивают и физический уровень. Они могут быть позитивными или негативными, в зависимости от того, что мы думаем или воображаем.

Существуют сотни образов и способов визуализации, которые мы можем использовать, чтобы войти в контакт с нашими телами. Часто лучше всего использовать образы, которые привлекают ребенка внутри нас. Не обязательно знать анатомически, как выглядит или действует отдельная часть тела, — достаточно ее образа. Когда у меня был рак, я использовала образ прохладной, чистой воды, которая струилась через мое тело и уносила с собой весь мусор. Ваша иммунная система может быть армией, которая защищает вас, или командой уборщиков, или садовниками, выдергивающими сорняки, или любым другим образом по вашему вкусу.

Позитивная визуализация состоит из трех частей:

1. Образ проблемы или боли, или заболевания, или больной части тела.
2. Образ позитивной силы, которая уничтожает эту проблему.

3. Образ тела, которое восстанавливается на пути к отличному здоровью, а затем движется по жизни легко и энергично.

Когда есть физическая проблема, лучше всего создать образ, который для вас значим. Затем выберите несколько минут три раза в день. Сядьте, расслабьте ваше тело глубоким дыханием. Позвольте себе успокоиться. Можно включить тихую музыку. Вы можете слушать описание своей визуализации на пленке или просто проигрывать ее в мозгу. Когда закончите, оставьте себе несколько мгновений, чтобы принять это позитивное переживание. Клетки вашего тела будут отвечать на ваши мысли. Повторение визуализации часто усиливает ее эффект. Не волнуйтесь, если не можете представить себе какой-то образ: просто думайте о нем, и это тоже поможет.

Ниже я приведу визуализацию, которую особенно люблю для укрепления Т-лимфоцитов иммунной системы. Вы можете изменить любую ее часть, чтобы приспособить к своим излюбленным образам.

Визуализация на Т-клетки

«Мы знаем, какое у нас замечательное тело. Это чудо красоты! Наше тело такое умное! Наше тело такое сообразительное! Оно знает, как помочь процессу исцеления. Наше тело знает, как усилить Т-клетки, — оно занималось этим с самого рождения. Давайте проследуем в тот центр внутри нас, где создаются Т-клетки, — Строительный центр Т-клеток.

Позвольте нам заново нанять рабочих в этом Центре. Возможно, завод некоторое время простаивал, но сейчас он заново открывается. Мы нанимаем много новых рабочих, колонну за колонной, и все они горят нетерпением и готовы создавать самые лучшие Т-клетки. Эти рабочие специализируются на создании самых здоровых, самых счастливых, эффективных и способных Т-клеток. Рабочие готовы. Оборудование налажено. Звучит свисток, настало время работать.

Сейчас на нашей внутренней фабрике сотни рабочих, и все они самым действенным и ускоренным способом создают отличные новые Т-клетки. Посмотрите на каждую Т-клетку, которая сходит со сборки! Заметьте, как она безупречна, заметьте, как она здорова, как сильна. Обратите внимание и на то, как каждая Т-клетка жаждет побыстрее отправиться на свое место.

Вспомните, что именно вы — владелец этой фабрики. Вы здесь и командуйте. Проследите за тем, чтобы новые Т-клетки имели под рукой только лучшее: лучшую атмосферу для работы, лучшую пищу, отличную одежду и прекрасное оборудование. Пусть они знают, что вы уважаете их! Они — лучшие, и вы относитесь к ним наилучшим образом.

А сейчас отправьте эти Т-клетки на их посты, скажите им, что пора работать. Посмотрите, как они маршируют на свои рабочие места! Они счастливы, здоровы и сильны, они обладают неистощимой энергией и любят вас. Они хотят сделать для вас все, что в их силах. Они — ваши защитники!

Сейчас Т-клетки на своих рабочих местах. Они ощущают присутствие вируса. Звучит боевой клич, и они отправляются в бой. Вам не обязательно идти с ними. Эти Т-клет-ки — профессионалы, и они точно знают, что им делать: они уничтожают все, что не должно находиться в вашей крови. Вы распространяете по телу с этими Т-клетками любовь и заботу о себе. Они заботятся о вас прямо сейчас — расслабьтесь и позвольте им работать!

Когда вы поймете, что можете вернуться в эту комнату, знайте, что о вашем теле заботятся. Все хорошо в вашем мире!»

Это не единственная визуализация — самые ценные придут изнутри нас. Не бойтесь создавать свои собственные целительные методы! Некоторые люди, например, представляют огромный ластик, который стирает вирус. Делайте то, что для вас лучше всего! Вы всегда будете точно знать, что вам нужно.

Помните: у вас замечательное воображение. Используйте его в позитивном плане, чтобы внести свой вклад в лечение. Не тратьте время, представляя себе худший сценарий, когда вы можете использовать ту же энергию для выработки позитивного взгляда на вещи, который в свою очередь поможет вам добиться чудесных изменений в себе.

Аффирмации

Аффирмации, как и визуализации, — это то, что мы делаем все время. Аффирмации — это слова и предложения, которые мы проговариваем мысленно или вслух. Мы произносим аффирмации с утра до вечера. Что последнее сказали вы себе, перед тем как лечь спать вчера вечером? Это была аффирмация, и она повлияла на ваш сон. Что вы говорите себе сразу же, едва проснетесь утром? Это тоже аффирмация, и она начинает ваш день. Обычно через наши головы проходит больше негативных, чем позитивных аффирмаций.

Когда мы говорим о том, чтобы «заниматься аффирмациями», мы имеем в виду «создавать определенные утверждения, чтобы достичь позитивных изменений, к которым мы стремимся в нашей жизни». Разумеется, то, о чем вы говорите в аффирмациях, не станет реальностью, когда вы в первый раз их произнесете. Если бы эти вещи уже присутствовали в вашей жизни, вам бы не нужны были аффирмации. Аффирмация подобна семени, брошенному в землю, которому требуется время, чтобы прорасти и развиться в большое растение. Повторение позволит аффирмации превратиться из семечка в цветущее растение. Не блокируйте вашу целительную энергию словами: «Я произнес эту аффирмацию три раза, а она не помогла». Дайте себе время, чтобы создать что-то новое! Начинайте и не останавливайтесь!

Каждая наша мысль и каждое произнесенное слово — это аффирмация. Слишком часто они негативные, а мы не понимаем, что эти слова влияют на наше будущее. Однако, когда я говорю о «занятиях аффирмациями», то имею в виду создание специальных предложений, нацеленных на то, чтобы привнести что-то новое в вашу жизнь или уничтожить то, что мы больше не хотим в ней видеть. Очень важно, *как* мы это сделаем. Если я работаю на нелюбимой работе и хочу найти новую, я не могу использовать аффирмацию «я ненавижу эту работу» и ждать, что из этого выйдет что-то путное. «Я ненавижу эту работу» — негативная аффирмация, и она только задержит меня там, где, по моим словам, я не хочу находиться. «Я ненавижу эту работу» не приведет вас к замечательной новой работе.

Если вы покидаете старое место работы с гневом и ненавистью, вы создадите гнев и ненависть и на новом месте, так как это то, что вам требуется, по мнению вашего подсознания. Это можно отнести к работе, телу отношениям между людьми. Если вы ненавидите свое тело, вам будет намного труднее добиться длительной ремиссии.

Позитивный способ найти хорошую новую работу — это сказать что-то вроде: «Я благословляю эту работу любовью и освобождаю ее для того, кто будет рад ее занять и станет работать лучше меня. Сейчас я открываю себя для новой замечательной работы, которая созидательна и насыщенна. Работы в красивом месте, с общительными людьми и хорошей зарплатой. Есть кто-то, кто ищет именно то, что я могу ему предложить. Мы встретимся друг с другом самым чудесным образом. Я благодарен судьбе за то, что это именно так».

Или вы можете просто сказать: «Я с любовью прощаюсь с этим переживанием и открываю себя для новой замечательной работы».

Иногда лучше всего короткие аффирмации, потому что их легко повторять снова и снова. «Сейчас я настроен на замечательную новую работу», сказанное несколько раз в течение дня, откроет для вас новые возможности. Я люблю петь свои аффирмации или рифмовать их и повторять в уме.

Некоторые люди пишут их десять, тридцать или сотни раз. Любой выбранный вами метод поможет, если вы позволите этим аффирмациям вытеснить ваши негативные мысли.

«Я хочу прощать» — великая аффирмация. Мы все должны простить так много, а большинство из нас вообще не собирается прощать. Сказать, что мы *хотим* простить поможет освободиться от большей части прошлого.

Если мы полны страха, мы можем повторять: «Я разрешаю себе успокоиться». Эта аффирмация говорит вашему подсознанию, что вы контролируете ситуацию и хотите создать новую атмосферу. «Я не боюсь» будет в данных обстоятельствах негативной аффирмацией: вы ведь на самом деле боитесь, поэтому аффирмация не принесет ничего позитивного. Аффирмация всегда должна замещать негативное чем-то позитивным. Вы одновременно выдергиваете сорняк и сажаете новое, полезное растение.

Если мы злимся, мы можем сказать себе: «Я хочу выйти из этой ситуации». Или «Я хочу простить». Затем мы даем нашему подсознанию (или нашему внутреннему «я», или Вселенной — как вам больше нравится) разрешение найти новый путь.

Когда мы работаем, чтобы восстановить хорошее здоровье, мы можем использовать следующие аффирмации:

«Мы с моим телом живем в мире и согласии».

«Я принимаю для себя отличное здоровье».

«Я люблю мое тело и позволяю ему исцелиться».

«Количество моих Т-клеток растет с каждым днем».

«Я сильный и невосприимчивый к болезням человек».

«Я бесстрашен во всех негативных ситуациях».

«Моя душа совершенна и целостна».

«Мое тело отражает безупречность души».

«У меня роскошные и сильные волосы».

«Выбранная мной пища очень качественная и питательная для моего тела».

«Я легко и регулярно удаляю все отходы из своего тела».

«Мои железы — отличные стражи моего организма».

Цель занятий аффирмациями — освободить нас и создать лучшую жизнь. Это не наказание. Делайте аффирмации с радостью и желанием, тогда они помогут быстрее. Но, самое главное, делайте их! Контролируйте свои слова и выражения, так как они тоже ваши аффирмации.

Молитва

Сила молитвы признавалась много веков. Для некоторых людей в период испытаний естественно обратиться именно к молитве.

Я бы предложила молиться позитивным образом. Мольба в адрес раздражительного старика на небесах не принесет ничего хорошего. Почувствуйте вашу общность со Вселенной, прежде чем обратитесь к ней с просьбой. Вообразите, что вы с Богом партнеры, и вместе должны решить ваши проблемы.

Сегодня еще один совершенный день на Земле. Мы проживем его с радостью. Сегодня я новый человек. Я расслабляюсь и освобождаю свои мысли от малейшего гнета. Ничто и никто не сможет расстроить меня или вызвать мое раздражение. Я спокоен. Я свободная личность, живущая в спокойствии духа, которое есть отражение моей любви к себе.

Я за все, что улучшит качество моей жизни. Я использую свои слова и мысли, как инструменты, чтобы созидать свое будущее.

Я часто выражаю благодарность и ищу поводы, за которые могу поблагодарить. Я живу жизнью, полной благодарности. Мы едины с той силой, что создала нас.

Мы спокойны и все хорошо в нашем мире!

Глава четырнадцатая
Исцеление семьи

Аффирмация:

Мы все — члены семьи, созданной любовью!

Я верю, что дети выбирают своих родителей и родители выбирают своих детей. Прожив одну жизнь, мы возвращаемся, чтобы продолжить свое духовное образование и рост. Мы снова и снова взаимодействуем с теми же самыми душами. Мы всегда работаем над новой гранью своего духовного развития. Если что-то осталось недоделанным в одной жизни, то будет предпринята попытка завершить это в другой.

Отсюда следуют интересные вопросы: «Какой выбор мы сделали перед этой последней реинкарнацией? Почему человек стал геем в этой жизни? Почему этот гей выбрал именно этих родителей? Почему эти родители выбрали (на космическом уровне) ребенка-гомосексуалиста? Каков урок, который они все должны усвоить? Почему ребенок решил реинкарнироваться в это определенное время, когда существует вероятность пережить такое испытание как СПИД?

Как мы справляемся с чувством вины из-за того, что отвергли ребенка, который «не такой, как мы» или у которого пугающая нас болезнь? Почему мы захлопнули двери в наши сердца? Что произойдет с теми, кого отвергли, и с теми, кто отверг? Какими будут их роли, когда они встретятся в новой жизни?

Легко отвергнуть то, чего ты боишься. Мы часто убегаем от проблем, хотя осознаем на глубинном внутреннем уровне, что когда-нибудь снова с ними столкнемся. Мы затуманиваем свое сознание, волнуясь: «А что, подумают соседи? Отвергнут ли они меня, если узнают о моей любви к ребенку, отличному от нас? Что для меня главное?»

Нет правильных или неправильных ответов на эти вопросы. Каждый ищет свой путь. Некоторые из нас пришли в этот мир, чтобы испытать гонения, боль, одиночество или болезнь. Но у нас есть все возможности к тому, чтобы снова выбрать любовь и вырасти духовно. Я не верю, что нужно держаться за наш негативный выбор! Мы можем последовать сообщению своего сердца и переступить пределы любого негативного переживания.

СПИД как подарок

Для родителей больных СПИДом эта болезнь — подарок. Она предоставляет им возможность проявить способность любить. Заглянуть за внешность, за то, что вы видите в теле, и выразить любовь, на которую вы способны. Семьи, открывающие сердца и объятия своим детям, сами переживают великое исцеление.

Самое важное, что вы можете сделать для детей, больны они или нет, это безоговорочно их любить. Быть открытыми для общения, чтобы они могли рассказывать вам все, не боясь вашего неодобрения. Да, они отличаются от вас, а вы отличаетесь от них. Но вы можете и должны по-прежнему любить и поддерживать друг друга, и духовно расти в процессе своих переживаний.

Когда я слышу, как родители жалуются, что их дети сейчас выросли и больше не звонят им, я думаю: когда же эти родители сами обрубили все связи с детьми? Достаточно лишь твердить ребенку: «Не говори так», «Не думай так», «Не делай так», «Не будь таким» — и он отдалится от вас и будет оберегать от вас свою жизнь: когда нас осуждают за то, какие мы есть, мы перестаем общаться с этим человеком. Слишком многие семьи ограничивают свои разговоры едой и погодой: любой другой предмет обсуждения вызывает негодование. Это не лучший способ выразить свою любовь и радость.

Так же как гомосексуалисты зачастую замкнуты, так и их родители часто ничего не говорят о том, что у них такие дети. Страдают и те, и другие. Выйти из этого тупика и для детей, и для родителей означает позволить любви снова расцвести в их жизни.

История Эндрю

«Мне поставили диагноз «лимфома Беркитта», «саркома Капоши», а затем и СПИД 10 января 1984 года, и я сразу же прошел курс лечения в больнице. Сначала я пролежал там полтора месяца, после чего меня отпустили на два дня. Потом я снова лег в больницу на три недели, и в итоге за год я двенадцать раз побывал в больнице.

Мне провели химиотерапию против лимфомы. Некоторые из моих препаратов были еще на стадии разработки, например, ПБ16 против саркомы Капоши, но они совершенно не помогли: я испытывал тяжелые побочные эффекты, такие как тошнота, выпадение волос, пигментация кожи, изъязвления во рту и слизистых оболочках. Самым неприятным было хроническое подташнивание. Химические препараты действуют на быстрорастущие клетки, такие как раковые, но к ним ведь относятся и клетки кожи и желудка.

Сейчас мне существенно лучше, чем в прошлом году. В отношении лимфомы Беркитта у меня ремиссия с марта 1984 года. Я не проверял количество Т-лимфоцитов, и не знаю, как у меня с этим обстоят дела, но количество белых кровяных телец в моей крови возросло, и мой онколог сказал, что если не учитывать трех зон поражения саркомой Капоши все остальное благополучно.

Я не делаю ничего экстраординарного в питании — просто стараюсь есть здоровую пищу, которая снабдит меня всеми необходимыми микроэлементами. Я не принимаю мегадозы витаминов, я вообще решил не участвовать ни в какой лечебной программе — я просто слежу за тем, что ем. Я не фанатик и временами позволяю себе отбивную, но очень редко, потому что обнаружил, что чувствую себя не слишком хорошо после мяса с кровью. На данный момент я знаю, что я ем, и как себя при этом чувствую и пытаюсь следовать правилам рационального питания.

Моя семья поддержала меня с самого начала болезни. Мама, как и мой бывший любовник и многие другие, приходили ко мне в больницу каждый день. Меня посетили мой отец, мой отчим, и даже сестры приехали из северной Калифорнии.

Я прочитал книгу Карла Саймонта «Как снова стать здоровым». Я принес ее своему врачу, и он сказал, что если меня интересует подобный подход, то он рекомендует мне посетить одно место в Санта-Монике: там располагается некоммерческая организация, созданная для поддержки онкологических больных.

Я поехал туда и жил там до апреля, пока не закончился мой курс химиотерапии. Потом я решил уехать, потому что остаться там означало для меня, по сути, «цепляться» за рак.

В это время я встретил хорошего друга, который отвел меня на семинары Луизы Хей. Я слышал об этой группе еще год назад от друга из Сан-Франциско, который подарил мне пленку «СПИД: позитивный подход». Я гордился тем, что стал членом этой группы, хотя здесь не делалось ничего такого, чего бы я раньше не знал. Эти занятия просто укрепили мои представления о жизни и о нашей роли в ней, показали мне как можно уничтожить болезнь, если прийти в полное согласие с душой и телом.

Что касается альтернативной медицины, то человек может делать что угодно, если он верит в это.

Еще я занимался рейки. После выхода моей статьи в журнале «Ньюсуик» со мной связался человек из Айовы. Он устроил марафон с пятью людьми разного уровня рейки, когда все одновременно работали надо мной в течение трех часов.

Рейки — это наука об энергии, действующей при наложении рук. Пока длился сеанс, я чувствовал себя очень расслабленным, однако через несколько часов у меня внезапно подскочила температура. Я испугался, но мне сказали, что подобное случается, когда человек получает очень много энергии, что и произошло со мной той ночью.

Я не говорю, что рейки — это панацея от всех бед. Возможно, она помогает не всем, но вы сами должны понять, хороша она для вас или нет».

Когда мать Эндрю решила выступить по телевидению и дать интервью журналам, чтобы поддержать своего больного сына, это стало исцелением для них обоих. Эндрю получил сотни писем. Люди были тронуты выступлением его матери, которая сказала больному СПИДом сыну: «Я люблю тебя».

История Хелен-Клер

Хелен-Клер по виду — типичная домохозяйка из южной Калифорнии. Она также типичный пример того, как обманчива внешность. «Я сорок два года была директором детского сада, и рано ушла на пенсию, потому что хотела заниматься другими делами. Я — президент общества «Питание для стариков» и член совета библиотеки. Одновременно я — инспектор государственной аттестационной комиссии, которая лицензирует медсестер, юристов, архитекторов и инженеров».

Хелен также преданная мать Эндрю, которому 10 января 1984 года был поставлен диагноз СПИД, и в этой роли появилась на телевидении и дала интервью журналу «Ньюсуик».

«Энди почему-то никогда не думал о себе слишком хорошо. Он всегда был очень ранимым мальчиком. Его сестры-близняшки, которые на три с половиной года его старше, прекрасно учились и пользовались огромной популярностью, так что ему было тяжело за ними угнаться. Мне кажется, что, заболев, он приобрел некоторую уверенность в своих силах.

Я догадалась, что он гей, еще до того, как он мне об этом сказал. Я всегда считала, что это его право и его выбор, и это определенно не ухудшило наши отношения, хотя мне кажется, что он многое потерял, когда отказался от семьи и детей.

Одно время я боялась, что причина его сексуальной ориентации каким-то образом связана с моим поведением, и прошла курс психотерапии, чтобы избавиться от чувства вины. Сейчас я так не думаю. Я замужем за его отчимом уже двенадцать лет, и когда все это произошло, Энди обратился к нам. Он очень близок с отчимом. Его отец занят в киноиндустрии, они часто видятся, но их отношения не так близки, как у Энди с моим мужем.

Последний год был очень тяжелым для Энди: авиакомпания, на которую он работал, обанкротилась, и ему пришлось уйти. Он также тяжело переболел гепатитом, и это наверняка имело прямое отношение к его заболеванию СПИДом. Я думаю, есть что-то внутри тебя, что делает тебя больным. Ваша иммунная система рушится, если вы эмоционально слабы, так что обычно можно понять, когда все началось. Энди согласен со мной. Когда у него появились первые боли в желудке, он подумал, что это язва — результат стресса, вызванного внезапной потерей работы.

Мы знали, что у Энди СПИД, еще до того, как ему официально поставили этот диагноз, так как у него были все типичные симптомы иммунодефицита. Энди приехал к нам на Новый год. Он был в ужасной форме, хотя и отрицал это, и я поняла, что он болен. Я предложила ему, чтобы он на время переехал в южную Калифорнию, что он и сделал. Здесь он пошел к врачу и через несколько дней его положили в больницу.

Энди испытывал очень сильную боль, которая проходила только при приеме лекарств, и совершенно не думал, что у него СПИД. Из-за этой опухоли в животе он провел ужасающие шесть недель в больнице, так что когда я сказала ему о СПИДе, он удивился: «У меня СПИД?». Он был так потрясен, что заплакал. Я и не подозревала, что он ничего не знает... Мы долго говорили об этом, потому что он не мог вспомнить многое, что случилось в первые месяцы его болезни.

Друзья Энди прекрасно относились к нему и часто его навещали, но когда они уходили, он изливал на меня всю свою тоску. Умом я понимала, что я — единственный человек, с которым он мог поделиться своими переживаниями, но меня все равно ранило, что он всегда злой рядом со мной и веселый с друзьями.

Потихоньку ему становилось лучше: химиотерапия эффективна, когда на нее с самого начала идет положительная реакция. У Энди сразу же исчезла опухоль, которая до этого закрывала одну почку и вызывала страшную боль. Но потом он заболел грибковой пневмонией, а количество белых кровяных телец в его крови было так мало́ из-за СПИДа и химиотерапии, что у него буквально не осталось сил, чтобы бороться с новой болезнью.

Прежде чем Энди начал лечение, я спросила врача, каковы его шансы, потому что не хотела, чтобы он страдал попусту. Врач ответил, что, по его мнению, Энди справится. Поэтому, приняв решение, мы уже не оглядывались назад, и это была борьба до последнего.

Я с ужасом наблюдала за другим пациентом в больнице, которому становилось все хуже и хуже, пока он не умер. Его семья отказалась навещать его — по крайней мере, до самых последних недель. Другой больной сообщил своей матери, что он пришел в больницу, чтобы умереть, а она сказала мне: «Он достаточно настрадался... Его тело износилось, и ему пора прекратить мучиться».

Подобные мысли посещали и меня, когда в течение недели Энди рвало каждые полчаса. Это было ужасно, но даже тогда он не хотел сдаваться! Он боролся за то, чтобы вернуться к жизни, и ему это удалось: сейчас он уже шесть месяцев не принимает никаких лекарств, и я думаю, что в этом ему очень помогла Луиза Хей.

Энди отправился в «Велнесс Коммюнити» — группу по поддержке больных раком в Санта-Монике, но ушел от них, когда у него исчез рак. Мне кажется, что группа Луизы ему больше подходит. Луиза учит больных СПИДом любить себя и поднимать свою самооценку. У меня были похожие проблемы с самооценкой в жизни, поэтому я знаю, что это такое. После этого испытания я духовно выросла, хотя и ужасным способом — глядя на чужую боль. Я больше не волнуюсь по мелочам: я поняла, что многие вещи, которые раньше тревожили меня, вовсе не так уж важны. Я много времени провожу с Энди, и он помогает мне.

Я думаю, что смогу помочь своими советами многим людям. Я сделала все, что было в моих силах, и не чувствую за собой вины. Я слышала от психиатров, что многие матери считают, будто именно они в какой-то степени виновны в том, что их сыновья геи и больны СПИДом. У меня таких мыслей нет.

Я с оптимизмом смотрю в будущее. Энди отлично чувствует себя, у него были ангина и простуда, и он сам справился с ними. В последний раз, когда он обследовался, количество белых кровяных телец в его крови значительно увеличилось. Я не думаю, что Энди излечился от СПИДа, но он явно контролирует свою болезнь. Его иммунная система наконец заработала».

Последний совет от Хелен-Клер: «Вы не владельцы своих детей — вы их родители, но они вырастают и становятся независимыми личностями, и если вы не примете этого, то вы их потеряете. Я не понимаю, почему родители не могут принять свое собственное дитя таким, какое оно есть! Так много людей в группе и друзей Энди подходили ко мне и говорили: «Хотели бы мы, чтобы у нас были такие родители как...» или «хотел бы я, чтобы мои родители принимали меня таким, какой я есть!»

Самое тяжелое, что приходится пережить родителям — это откровенные признания их детей о себе. В большинстве своем это просто очень тяжело, а в худшем случае может разрушить семью. Но это великий урок, как принять то, что ЕСТЬ, и принять как данное. И когда мы научимся принимать наших детей как самостоятельные уникальные существа, которыми они и являются, мы по-настоящему начнем любить их.

Лечение

Сегодня еще один совершенный день на Земле. Мы проживем его с радостью. Я окружаю себя, моих друзей, мою семью и мой дом гармонией и любовью. Я позволю уйти любой мысли, которая ранит меня, даже если она пришла от тех, кого я люблю. Я выхожу за рамки ограниченного мышления тех, кого люблю, к новому чувству свободы. Я больше не подхожу со своими мерками к другим людям, и они свободны быть самими собой. Я отдаю другим то же самое, что хочу получить от них.

Любовь и понимание свободно перетекают между мной и теми, кого я знаю. Мы едины с той силой, что создала нас.

Мы спокойны и все хорошо в нашем мире!

Глава пятнадцатая
Гомосексуалист в семье

Аффирмация:

Мы благословлены особым, драгоценным даром!

«Выход на свет»

Для человека гомосексуальной ориентации крайне трудно рассказать своим родителям и членам семьи о своей атипичной сексуальной ориентации. Этот «выход на свет» требует огромного мужества, так как слишком часто решившегося на него встречают враждебность и положение изгоя. Безусловная любовь исчезает или затеняется фальшивой моралью или страхом перед тем «что скажут люди».

Каждый человек на нашей планете — уникальное создание и пришел сюда, чтобы работать над своим духовным развитием. Мы не можем судить других, не мешая при этом своему собственному духовному росту. Если у родителей ребенок-гомосексуалист, значит, они сами выбрали его (на уровне души), чтобы поработать над уроком, заданием открыть свои сердца. Нельзя винить себя в сексуальной ориентации ребенка — надо научиться принимать его таким, какой он есть — и любить его за это.

Намного легче быть откровенным с родителями, если вы честны сами с собой. Если мы чувствуем, что недостаточно хороши, тогда почти невозможно уговорить других принять нас такими, какие мы есть. Когда мы откровенны в своей любви к себе, мы разговариваем с людьми, чувствуя в себе особую внутреннюю силу. Очень многие члены нашей группы поддержки еще не говорили родителям, что они геи и больны СПИДом.

Я часто слышу: «О, нет, я не могу рассказать об этом моим родителям, они это не примут» или «Это причинит им слишком сильную боль». Вы так несправедливы к родителям! В этих словах вы пытаетесь «прожить их жизнью» — настаиваете на том, что знаете точно, какие чувства они будут испытывать. Позвольте же им самим жить своей жизнью. Как они смогут вырасти духовно, если вы отказываете им в этом переживании? Сказать кому-то, кто вы есть на самом деле, не означает причинить тому человеку боль: если они решат, что их оскорбили, это будет их собственный выбор. Но ведь есть и другие чувства, кроме чувства оскорбленности. Позвольте им выбирать самим!

В нашей группе мы предлагаем человеку, который собирается «открыться», некоторое время попрактиковаться перед зеркалом. Выберите родителя, с которым вам сложнее всего разговаривать, и представьте перед зеркалом ваш разговор с ним / ней. В первый раз вас могут переполнять эмоции, но ведь вы всего лишь сидите перед зеркалом... Во второй раз это пройдет уже менее болезненно, а если практиковаться ежедневно, то с каждым разом вам будет все легче и легче. И когда в конце концов наступит время визита или телефонного звонка, вы обнаружите, что каким-то дивным образом взаимоотношения между членами вашей семьи стали более теплыми, чем вы ожидали.

Начните со слов: «Мам, (или «пап»), есть кое-что, что я хочу тебе сказать». Затем расскажите, кто вы есть. Можете добавить: «Я боялся говорить об этом раньше, потому что...». Скажите, чего вы хотите от них. Не говорите: «Я не хочу, чтобы вы отвергли меня» — лучше замените это на «Я хочу, чтобы вы любили, принимали и поддерживали меня». С каждым днем вам станет все яснее, что именно вы хотите сказать. Посылайте родителям любовь всякий раз, когда думаете о них, а в промежутках между этим работайте над любовью к себе.

Если после вашего рассказа родители разгневаются, помните, что это их первая реакция. Дайте им немного времени, чтобы остыть, «переварить» услышанное... Как любые родители, они, возможно, уже давно подозревали КОЕ-ЧТО, поэтому позвольте им быть теми, кто они есть, так же как вы хотели бы, чтобы они позволили вам быть тем, кто вы есть. Продолжайте посылать им свою любовь и твердите себе, что «у вас замечательные, полные любви отношения с семьей». Как мы выяснили, подобная «работа в уме» очень эффективна: внутрисемейные отношения улучшаются, а иногда даже происходит внезапный поворот на сто восемьдесят градусов. Любовь реально существует, и вы поможете им ее найти!

Если вы все-таки столкнулись с тотальным отрицанием вас — создайте себе свою собственную семью из людей, которые вас любят. Если вас никто не любит — начните любить себя сами. Найдите или создайте группу поддержки. Такие группы становятся заменителями семьи. Помните, что все, что вы отдаете, возвращается к вам.

Сколько людей — столько и возможных реакций. Множество геев, которые никогда не открывались перед родителями, сейчас получили возможность сказать: «Эй, мама и папа, я гей и у меня СПИД, и мне нужна ваша любовь и поддержка!» Некоторых людей отвергли, другие же встретились с удивительной реакцией невероятной любви.

Если родители реагируют с гневом и отрицанием, причина кроется в их страхе. Когда пресса и телевидение несут сообщения о СПИДе как о всеобщем проклятии и трагической судьбе, неудивительно, что плохо информированные люди реагируют таким образом: это естественный защитный механизм, если уж на то пошло.

Неважно, как на ваше признание отреагировали родители, в ваших интересах благословить их любовью. Повторяю: что бы вы ни отдавали, оно вернется к вам. Поэтому нет смысла гневаться, так как это не излечит ситуацию. Огромный урок для людей со СПИДом — обнаружить целительную силу любви.

Я вовсе не предлагаю вам превратиться в «мальчика для битья» — я просто говорю: «Не тратьте свое драгоценное время на погружение в гнев и злость! Каким бы оправданным это ни казалось, ваши злые мысли только нанесут вред вашему же организму. Они не стоят того!»

Дайте родителям время передумать! Держите двери в понимание открытыми. Дайте им шанс заново полюбить вас!

История Джеффа

Джефф, медбрат по профессии и один из молодых красавчиков в нашей группе, столкнулся с большими трудностями во время лечения. Он страдал от различных инфекционных заболеваний, но ему еще не был поставлен диагноз СПИД. Джефф был очень скрытным человеком и часто испытывал гнев по отношению к своей семье, особенно к отцу.

Затем ему поставили диагноз СПИД. Это было одним из самых значительных переживаний в его жизни, оно позволило ему собрать волю в кулак и принять решение держаться своей программы исцеления.

Первое, и самое сложное, что надо было сделать, — это открыться семье. Он позвонил своей матери и сказал: «Я делаю это не для того, чтобы причинить тебе боль, но я знаю, что пять процентов больных СПИДом геев, которые хорошо себя чувствуют, были откровенны со своими семьями, а я хочу жить! Мама, я хочу, чтобы ты знала, что я «голубой» и у меня СПИД!»

Его мать приняла это на удивление хорошо. Затем Джефф обзвонил всех членов своей семьи (которых насчитывалось двадцать восемь человек) и сообщил еще и им. Когда он закончил, то чувствовал себя так, словно с его плеч свалилась многотонная глыба. Сейчас он выглядит намного лучше. Он держится программы своего лечения до последней буквы. Он не ест ни грамма того, что не включено в режим его питания. Его способности к любви растут день ото дня. Джефф явно поправляется, и это очень отрадно видеть.

Для тех, кто еще не открылся своим родственникам, мы советуем разговоры с матерью или отцом перед зеркалом. Посмотрите в зеркало и скажите: «Мам, я хочу тебе сказать кое-что...». И всегда заканчивайте так: «Мне по-настоящему нужны твои любовь и одобрение!». Любовь и одобрение — это то, что мы хотим получить от других людей. Занимайтесь этими упражнениями каждый день несколько недель или месяцев — и обязательно произойдет какой-то позитивный сдвиг: каким-то образом другой человек изменит свое излучение.

Подобный подход позволит вам окунуться в пространство, заполненное любовью. Затем вы или напишете письмо, или позвоните, или приедете в гости — как вам будет удобнее. И встреча будет более искренней и полной любви, чем в прошлом. Мы в состоянии открыть любящее пространство наших сердец для каждого члена семьи!

История Люка

Люк — красивый молодой человек, который родился среди мормонов, верящих, что гомосексуализм — грех. Семья Люка принадлежит к старейшинам, и это сделало его положение еще более сложным. Он начал с того, что стал каждый день посылать им любовь и прощать их за все их и его собственные прошлые ошибки.

Это заняло у него несколько месяцев. Он представлял себе, как его семья окружена светом любви, и как они принимают его, Люка, с распростертыми объятиями. Затем, в один прекрасный день, ему позвонили его дядя и тетя, которые сказали, что не все члены семьи враждебны к гомосексуалистам, и не против ли он, чтобы они устроили ему день рождения. Он сказал «О нет, не против!», и приехали восемь членов его семьи — все убежденные мормоны. Он пригласил восемь своих близких друзей, и меня в том числе. Этот праздник прошел в незабываемой атмосфере любви и поддержки.

Чем больше мы отдаем любви, тем больше учимся ее отдавать, тем больше получаем ее сами. В тот вечер любовь вернулась к Люку, усиленная десятикратно. После ужина мы все пели. Это был очень целительный вечер. Мы даже сели на пол вокруг Люка и положили руки ему на плечи, посылая ему любовь и целительную энергию.

Тот вечер объединил родственников так, как этого не случалось раньше. Сейчас Люк «работает» над оставшимися членами семьи, и только вопрос времени, когда они откроют ему свои сердца.

Иногда очень трудно дарить любовь, когда ты натыкаешься на стены или сталкиваешься с гневом. Однако, продолжайте заниматься этим, и мало-помалу люди начнут отвечать вам. К настоящему времени мы помогли открыть много сердец.

Вы знаете, каким совершенством вы были в детстве? Дети не должны что-то делать, чтобы стать совершенством — они уже есть совершенство и ведут себя так, словно знают об этом. Дети знают, что они — центр Вселенной. Они не боятся просить желаемое и непринужденно выражают свои чувства. Когда ребенок сердится, об этом тут же узнаете и вы, и все ваши соседи, а от его улыбки становится светлее в комнате. Дети всегда полны любви!

Младенец умрет, если не получит любви. Когда мы вырастаем, то учимся обходиться без нее, но дети этого не потерпят. Они также любят каждый орган своего тела. У них нет стыда или чувства вины.

И вы когда-то были таким. Мы все были такими. А потом мы стали прислушиваться к взрослым вокруг нас и отрицать свое собственное величие...

Вы не то, что о вас думают ваши родители, вы не то, чем заклеймило вас общество. Возможно, общество и даже семья прокляли вас, но вы-то сами не занимайтесь этим! Эти мнения — результат давно бытующих представлений. Единственное, что вам надо действительно изменить, — это СИСТЕМУ СВОИХ ПРЕДСТАВЛЕНИЙ!

Сейчас на моих семинарах встречаются и гомосексуалисты, и гетеросексуалы, и больные СПИДом. Я открыто говорю с ними о том, как можно и как нельзя заболеть СПИДом, позволяя людям вслух высказывать свои страхи. Через несколько часов беседы большая часть этих страхов исчезает. Люди видят, что геи похожи на них самих, и открывают им свои сердца. Те же, кто больше всех зашорен и напуган, почти всегда к концу семинара становятся теми, кто больше всех хочет помочь больным. Любовь лечит, и я наблюдаю это снова и снова! Любовь лечит сердца, а это именно то, что нуждается в исцелении. Все остальное произойдет своим чередом.

Система ценностей в семье

Когда мы были очень маленькими, мы учились судить о себе и о жизни по реакциям взрослых вокруг нас. Таким образом, если вы живете с людьми, которые очень несчастливы или напуганы, постоянно испытывают вину или гнев, тогда и вы узнаете много плохого о себе и о мире. «Я всегда все делаю плохо»; «Тут моя вина»; «Если я злюсь, то я плохой человек».

Когда мы вырастаем, мы обычно подсознательно стараемся воссоздать эмоциональное окружение нашего детства. Это не хорошо или плохо, правильно или ошибочно, это то, что, по нашему мнению, является нашим «домом». Мы также стараемся воссоздать в наших личных отношениях те отношения, что были у нас с матерями или отцами, или те, что существовали между ними. Подумайте, как часто ваш любовник или начальник поступает «точь в точь» как ваши мать или отец!

Мы относимся к себе так, как к нам относились родители: таким же образом ругаем и наказываем себя. Можно даже услышать в уме слова, которые они говорили... Соответственно любим и поощряем себя мы так же, как нас любили и поощряли в детстве.

«Ты никогда не делаешь ничего путного»; «Это все твоя вина»; «Ты плохой человек»... Как часто вы говорите это себе? «Ты замечательный!»; «Я люблю тебя!»... А как часто вы это себе говорите?

Давайте не будем винить наших родителей. Все мы жертвы других жертв, и они не могли научить нас тому, чего не знали сами. Если ваша мать не знала, как любить себя, или ваш отец не знал, как любить себя, они не могли передать это вам. Они делали все, что могли, когда учили вас, детей. И если им приходилось ломать себя, подстраиваться под определенные стандарты, чтобы порадовать своих родителей, они будут ожидать и от вас того же. Коль скоро вы хотите лучше понять своих родителей, поговорите с ними об их детстве до десятилетнего возраста, и если вы будете слушать их с сочувствием, то поймете, откуда взялись их страхи и комплексы. Они были когда-то такими же напуганными, как и вы сейчас. Но когда вы откроете свое сердце для любви, они смогут благодарно последовать за вами.

Лечение

Сегодня еще один совершенный день на Земле. Мы проживем его с радостью. Не у всех есть такая особенная семья, как у меня, и такие возможности открыть свои сердца, как это делают у меня в семье. Мы не ограничены предрассудками соседей или общества — мы выше этого! Мы — семья, которая выросла из любви, и с гордостью принимаем к себе каждого человека.

Мы все необыкновенные и все достойны любви. Я люблю и принимаю каждого члена моей замечательной семьи, а они в ответ любят и обожают меня. Мы едины с той силой, что создала нас.

Мы спокойны, и все хорошо в нашем мире!

Глава шестнадцатая
Выбираем наших родителей

Аффирмация:

Я делаю свой выбор с любовью и прислушиваясь к своей внутренней мудрости!

Наш выбор

Я верю, что мы выбираем своих родителей. Каждый из нас решает возродиться на этой планете в определенном месте и в определенное время. Мы приходим сюда, чтобы выполнить особое задание, которое продвинет нас по нашему духовному эволюционному пути. Мы выбираем свою сексуальную ориентацию, цвет кожи, страну, а затем оглядываемся в поисках родителей, которые лучше всего подходят для выполнения того задания, над которым мы будем работать в этой жизни. Мы выбираем их потому, что они прекрасно нам подходят. Они — самая подходящая вам пара, настоящие специалисты в том, что вы выбрали для познания и эволюции.

Да, мы выбираем подходящих нам родителей, иначе нас не было бы здесь. Если мы и ошибаемся в выборе, то очень скоро, очень рано покидаем нашу планету. Мне кажется, именно в этом причина появления мертворожденных детей и «синдрома внезапной детской смертности»: или душа вернулась слишком рано, или произошла ошибка в выборе родителей.

Мы закладываем свою систему ценностей в раннем детстве, а затем движемся по жизни, создавая себе переживания, которые идеально соответствуют нашим представлениям о ней. Оглянитесь на свою жизнь и обратите внимание на то, как часто вы сталкиваетесь с одними и теми же или сходными событиями. Вы сами воссоздаете их вновь и вновь, потому что они отражают что-то в вашем характере. Неважно, как долго мы решали какую-то проблему, какой степени сложности она была или как к нам отнеслась жизнь — помните, что любые негативные обстоятельства, которые существовали в прошлом, могут быть изменены сейчас.

6 Л. Хей. Позитивный подход

Мы пришли на эту планету, но перед этим выбрали задание, которое нам предстоит на ней выполнить. И неважно, как мы к этому подойдем — «объектом исследования» всегда является любовь: насколько сильно сможем мы любить себя, несмотря на все остальное, что мы создали в нашей жизни? Первое, что мы делаем, после того как поставили себе задание, — это выбираем свою сексуальную ориентацию, пол. Какой она будет на этот раз? Будем ли мы женщиной, потому что это предполагает определенные переживания, или станем мужчиной, так как это уже другой опыт? Выберем ли мы положение гетеросексуалов, что влечет за собой одни события, или станем гомосексуалистами, что предполагает совсем другие?

А потом, как я думаю, мы выбираем цвет кожи и решаем, где появимся на свете. Если мы родимся в Африке, то нас ждут совершенно иные обстоятельства жизни, нежели если бы мы появились на свет в Ливерпуле, Австралии или на Аляске.

После того, как мы все это решим, мы внимательно оглядываемся в поисках «правильных» родителей. Я знаю, что большинство из нас, когда вырастают, укоризненно смотрят на своих родителей и говорят: «Это ты виноват в том, что...» Но мне кажется, мы выбираем именно их, потому что именно они подходят нам больше всего. По той же причине они выбирают нас.

Если у родителей появился гомосексуальный ребенок, они выбрали его потому, что это дает им возможность открыть свои сердца: как сильно они смогут любить, невзирая на то, что говорят соседи? Вообще, то, что говорят соседи, кажется очень важным на этой планете. И неважно, о каком обществе идет речь: самое главное — «что скажут соседи»!

Как сильно мы готовы любить? Как сильно мы хотим быть искренними, любить и принимать тех, кто мы есть на самом деле? Все эти вопросы — основа нашего духовного роста. Наши переживания не хорошие и не плохие — это просто опыт жизни, который выбрала наша душа.

И поэтому люди так часто сердятся, когда им говорят, что они сами выбрали своих родителей. «Этого не может быть. Я ни за что не стал бы выбирать таких людей!» Но я-то знаю, что это именно так, потому что прошла через нечто подобное. Если бы вы ошиблись в выборе своих родителей, вы бы покинули нашу планету очень рано, еще до конца первого года жизни, может быть даже в течение нескольких часов. Но раз вы здесь, значит у вас самые подходящие на эту жизнь родители. И каким бы ни был ваш жизненный «урок», вы будете учить его вместе с ними!

Поездка в отпуск домой

Время отпусков всегда было самым напряженным в моей практике: на поверхность выплывают старые обиды, растет страх перед посещением родительского дома... У человека, больного СПИДом, эти страхи только усиливаются, и счастливое в прошлом время отдыха сейчас может стать для него временем боли и одиночества. Я обязательно посещаю больницы на День Благодарения и Рождество — самые тяжелые дни для тех, у кого СПИД.

Нам всем нужны любовь и поддержка.

Вам будет легче ездить домой, если вы позволите своей семье быть теми, кто они есть. Не пытайтесь переделать их! Вы же не любите, когда они пытаются изменить вас... Оставьте их в покое — просто меняйтесь сами и любите себя. Это и без того тяжелая работа. Если вы действительно хотите изменить их, измените сначала себя.

Мы всегда хотим, чтобы наша семья простила нас и любила такими, какие мы сейчас, но слишком часто сами мы отказываем близким в подобных чувствах. Если наше детство было болезненным, нам трудно простить, и мы ограничиваем свой духовный рост, держась за прошлое. Мы возвращаемся в пятилетний возраст вместо того, чтобы жить в настоящем; забываем, что все люди всегда делают только то, что они могут, прикладывая знание и мудрость, которыми они обладают на каждый данный момент. Люди, которые ведут себя плохо, — это люди, которых научили быть такими. Они просто не знают, как вести себя иначе! Ваш гнев не изменит их: они будут в ответ на него такими же упрямыми, как и вы. А вот любовь и прощение творят чудеса!

Аффирмация: «Я хочу простить тебя, и я освобождаю себя» меняет ситуацию в корне. Потому что, когда вы прощаете их, вы освобождаетесь. Этот вид умственной работы исцелит даже самых твердолобых членов семьи. Попытайтесь, вы же ничего не теряете!

Возвращение домой на каникулы будет наиболее приятным, если вы не станете ничего ждать. Просто принимайте каждое мгновение как данность, любите себя в присутствии семьи, повторяйте аффирмацию: «Я люблю и принимаю себя», или «Мне комфортно и спокойно, и меня всегда любят, неважно, что бы ни произошло». Пусть так оно и будет. Если вы столкнетесь с их временным бешенством, любите себя настолько, чтобы на какое-то время уйти от них. Не ожидайте того, что было в прошлом. Сейчас все по-другому. Найдите время, чтобы отдохнуть и накормить себя. Проследите, чтобы вы получали пищу, которая требуется вашему организму, даже если вам придется везти ее с собой, — ваше здоровье важнее, чем правила приличия. Вы можете всегда сказать: «Мой врач говорит, чтобы я ел только это» — люди обычно уважают подобные авторитеты.

Помните, каждая проблема, которая возникла у вас с вашей семьей, может быть связана с дефицитом любви и прощения. Возвращение домой может стать для вас временем, полным радости, если вы сможете усвоить этот урок. *Когда мы прощаем и любим, мы обретаем внутреннее спокойствие.*

Лечение

Сегодня еще один совершенный день на Земле. Мы проживем его с радостью. Я выбрал своих родителей давным-давно, потому что знал, какую важную роль они сыграют в моем духовном росте. Я знаю, что и они выбрали меня с той же целью. Мы работаем над нашими жизненными заданиями, любя друг друга насколько можем в каждый данный момент. Мы едины с той силой, что создала нас.

Мы спокойны, и все хорошо в нашем мире!

Глава семнадцатая
Наша сексуальная ориентация

Аффирмация:

Я спокойно отношусь к своей сексуальной ориентации — она отлично мне подходит!

Когда общество диктует нам, что мы плохие из-за того, что мы из себя представляем или как себя выражаем, становится очень тяжело жить в нем. Люди затаиваются или прикидываются кем-то еще, чтобы доставить удовольствие другим. Но это не помогает и всегда разрушающе действует на личность.

В гомосексуальном сообществе мы имеем большую группу мужчин и женщин, которым твердят, что они плохие, или недостаточно хорошие, и таким образом наносят непоправимый вред их здоровью.

Когда ребенок растет, он развивает свое собственное, данное небесами, уникальное сексуальное поведение. К несчастью, определенные естественные и нормальные сексуальные чувства индивидуумов были подвергнуты осуждению. Слишком часто родители говорят, что быть гомосексуалистом — позор, поэтому дети начинают скрывать свои сексуальные предпочтения. А с этим закладывается и растет в них чувство стыда и вины.

Большинство людей не понимает, что сексуальность нельзя изменить по собственному желанию: если гетеросексуалу сказать, что он должен стать гомосексуалистом, чтобы быть принятым в обществе, он не сможет этого сделать. Однако почему-то подобные суждения вполне обычны применительно к геям...

Когда же мы наконец поймем, что целью нашей общей жизни является безусловная любовь? Нет людей, которые хуже или лучше других — мы все есть то, что мы есть на пути духовного развития. Предубеждения только тянут нас назад в нашей духовной эволюции.

Сексуальная ориентация — временное явление, выбранное только на эту жизнь. Я считаю, что мы время от времени возвращаемся на Землю, чтобы набраться жизненного опыта. Мы возрождаемся белыми, черными и желтыми, гетеросексуалами и гомосексуалистами, богатыми и бедными, умными и глупыми, красивыми и уродливыми, могучими и слабыми. Поэтому для меня все эти предубеждения очень глупы, так как если вы еще не побывали в определенной ситуации до настоящего времени, то рано или поздно вы окажетесь в ней.

Сейчас у нас есть группа в большинстве своем молодых юношей и девушек, которые в прошлом должны были тщательно скрывать, кто они такие, и делать вид, что они совсем другие. В последние несколько лет произошло ослабление гонений на гомосексуалистов, и они смогли «открыться» в определенных районах некоторых городов. Разумеется, эта внезапная свобода после долгих лет гнета привела к несколько необузданному поведению.

Когда какая-то группа людей долгое время подвергается гонениям, то после снятия давления они чаще всего ведут себя слишком шумно. Поэтому когда гомосексуалисты обнаружили, что могут «выйти на свет» и открыто заявить о себе, они слегка сошли с ума от этой свободы.

Они увлеклись не слишком здоровым образом жизни, потому что так долго им «не позволяли» следовать своим инстинктам. Сейчас настало время сексуальному маятнику качнуться в сторону равновесия.

Вина и сексуальная ориентация

Когда я говорю о чувстве вины, я не имею в виду, что для нее есть какая-либо причина. Особенно, когда дело касается нашей сексуальной ориентации. Неважно, что говорят остальные, неважно, какими бы они ни были авторитетами, неважно, сколь «недостойными» они вас считают, — все это никак не относится к вашей жизни.

Просто на секунду попробуйте представить себе необъятность Вселенной. Она за пределами нашего понимания. Даже наши лучшие ученые с самым современным оборудованием не могут измерить ее границы. Внутри этой Вселенной существуют миллионы галактик. В дальнем углу одной из этих небольших галактик есть небольшое солнце. Вокруг него вращаются несколько планет, в том числе и планета Земля.

Мне трудно представить, чтобы тот необъятный, невероятный Разум, который создал эту Вселенную, был обеспокоен моими гениталиями.

И все же многим из нас вбивали эту «мысль» в голову, когда мы были детьми. Мы должны отказаться от глупых, устаревших представлений, которые не поддерживают нас. Я не сомневаюсь, что даже наши представления о Боге должны быть теми, которые ПОМОГАЮТ нам. Существует так много разных религий. Если вы воспитаны в той, которая говорит, что вы грешник и распоследний червь, вы можете выбрать другую. Если ни одна из современных религий вас не устраивает, создайте свою, новую! Помните: всякая современная религия была создана кем-то, кто был неудовлетворен существующими. У этих людей тоже были свои мысли о Боге и Вселенной, и они смогли собрать вокруг себя единомышленников.

Понимая свою сексуальность

Недостаточно просто учить детей в школах механизму разделения полов: нам нужно на очень глубоком уровне объяснять детям, что их тела, их половые органы и их сексуальность — несут с собой радость жизни. Я верю, что люди, которые любят себя и свои тела, никогда не причинят боль себе и другим.

Сексуальная революция и движение за освобождение женщин принесли с собой много перемен. Происходит сближение полов. Мы обнаруживаем, что большинство наших различий связаны с культуральными и социальными особенностями, а не с физическими или умственными. Сейчас все больше и больше женщин на планете примеряют на себя традиционно мужские профессии и роли. Многие мужчины также получили возможность попробовать то, что испокон веку считалось лишь женской работой.

Я не призываю к тому, чтобы все вокруг все время занимались сексом — я просто говорю, что некоторые из наших постулатов бессмысленны, и поэтому многие люди нарушают их и становятся лицемерами.

Когда мы освобождаем людей от сексуальной вины и учим их любить и уважать себя, они относятся к себе и другим с радостью и добром. Причина, по которой сейчас так много проблем с сексуальным насилием, в том, что многие из нас страдают от ненависти и презрения к себе, и, как следствие, плохо обходятся и с собой, и с другими.

Я никоим образом не пытаюсь вызвать у кого-то чувство вины. Однако надо открыто говорить о том, что должно быть изменено, чтобы все в наших жизнях было наполнено любовью, радостью и уважением. Пятьдесят лет назад почти все геи скрывали свои сексуальные предпочтения, а сейчас они смогли занять свои ниши в современном обществе, где могут быть относительно искренними. Обидно, что многие из них причиняют так много боли своим же «голубым» собратьям. Достойно осуждения отношение некоторых гетеросексуалов к гомосексуалистам, но настоящая трагедия в том, как многие гомосексуалисты относятся к себе подобным.

Причиной для изгнания партнера или члена общины может стать старость или уродливая внешность, а ведь те, кто так поступают, выказывают этим неуважение к себе и своей общине.

Другой способ проявить свое неуважение — через секс. Яростные, временами грубые действия направлены против партнера. Или же часто практикуется анонимный, беспорядочный секс. На самом деле секс — это физическое проявление наших эмоциональных переживаний. Почему же мы так часто хотим, чтобы он выражал ненависть, страх и злобу?

Безопасный секс

Заботу о безопасном сексе столетиями несли женщины, и только сейчас мужчины, особенно гомосексуалисты, впервые осознали его важность. А сколько раздается жалоб и стенаний! Когда тело находится на пике страсти, оно не хочет прислушиваться к инструкциям мозга, говоря: «Не сейчас!» или «Не так!»

Один из членов нашей группы задал однажды такой вопрос: «Что сказать человеку, который отказывается пользоваться презервативом?». Он спросил то же самое у женщин на своей работе, зная, что они много раз сталкивались с подобной ситуацией. Ответ, как правило, связан с вашей самооценкой: если вы любите и высоко цените себя, вы откажетесь в этом случае заниматься сексом; если же вы не думаете о себе, то скорее всего «сдадитесь» в надежде, что «пронесет». Как сильно вы любите себя? Допустите ли вы насилие над собой? Ответ станет отрицательным, когда вырастет ваша любовь к себе.

Безопасно ли такое простое действие, как поцелуй? К сожалению, мы никогда не знаем, нет ли у нашего партнера пореза во рту или кровоточащих десен. Так как ученые еще не выяснили, может ли передаваться вирус СПИДа через поцелуй, лучше научиться другим формам поцелуев — например, в щеки и шею.

Безопасный секс заставляет людей быть изобретательнее.

Мужчины обычно всегда имели больше сексуальных партнеров, чем женщины. Некоторые мужчины предпочитают иметь множество партнеров, чтобы удовлетворить свое тщеславие, а не для того чтобы получить радость. Я не думаю, что плохо иметь нескольких партнеров, так же как может быть вполне оправданно редкое употребление алкоголя или легких наркотиков. Однако если человеку требуется несколько партнеров лишь для того, чтобы поднять уверенность в себе, тогда это становится разрушительным. Такой человек должен измениться.

Старение

В гетеросексуальном обществе многие женщины страшатся старения. Причина тому — в предрассудках, которые твердят о победоносности юности. Для мужчин это не так страшно, потому что старость часто приносит им уважение и почет.

Совсем иное дело для мужчин-гомосексуалистов, так как они создали культуру, которая сконцентрирована на юности и красоте. Однако даже в юности всего лишь некоторые из них отвечают общепринятым канонам красоты. А когда так много внимания уделяется физическому совершенству, то чувства внутри полностью игнорируются. Если вы немолоды и некрасивы, то вас словно и не замечают. Берется в расчет не личность, а тело.

Подобные представления — позор для гомосексуалистов. Это еще один способ сказать: «„Голубой“ — недостаточно хороший человек».

Слишком часто мужчины-гомосексуалисты чувствуют, что, постарев, они станут нежеланными. Уж лучше уничтожить себя — и многие ведут разрушительный образ жизни, а другие заболевают СПИДом.

Мы установили такие глупые правила: мы назвали старость преступлением. Мы отвратительно относимся к нашим старикам, не понимая, что в свое время к нам будут относиться так же. Неудивительно, что мы со страхом глядим на первую морщину или седой волос, видя в этом начало конца. Когда-то некоторые молодые люди считали, что старость начинается около тридцати лет. Затем они повзрослели и изменили свое мнение. Все мы каждый день становимся старше, и каждый возраст имеет свои ценности.

В культуре гомосексуалистов излишнее поклонение молодости и красоте и отрицание старости только усложняет жизнь людям. Если человек красив, когда он молод, то им восхищаются. Те же, кто не столь привлекателен, чувствуют себя лишними. Но даже красавцы стареют, и их старые поклонники уходят к более молодым и привлекательным. Мы создали так много способов сказать себе: «Ты недостаточно хорош»!

Когда мы боимся постареть, мы фактически говорим: «Я ничего не стою, важно только мое тело». Тело меняется — только посмотрите, как оно трансформировалось с тех пор, как вы были ребенком! А наш дух, наша сущность переходит из одной жизни в другую. Только мы сами можем осознать значение нашей личности!

Бояться постареть — значит только ускорить процессы дряхления. Когда мы отрицаем какую-либо часть себя, мы создаем еще больше ненависти к себе. Мы же можем наслаждаться жизнью в каждом возрасте. И, разумеется, мы должны относиться к старикам так, как вы бы хотели, чтобы относились к вам, когда вы достигнете их возраста.

Больные СПИДом также не могут избежать старости. В моей личной практике я часто видела, как больной СПИДом старел на несколько десятилетий всего за пару месяцев. Но СПИД — не выход. Только любовь к себе в любом возрасте откроет двери радости.

Устойчивые стереотипы
негативного сексуального поведения

Подобное поведение может только вызвать у нас чувство вины — неважно, сколько человек побывало у нас в постели. Вообще, частая смена партнеров может быть очень деструктивной как для тех, кто дает, так и для тех, кто получает: это еще один способ избежать настоящей близости.

Мне кажется, что садо-мазохистская практика имеет больше отношения к гневу на родителей, особенно на отца, чем к сексуальности. Это игра в то, как «отомстить».

Один — ребенок — умолял: «Пожалуйста, папочка, не наказывай меня, я обещаю быть послушным и хорошим! Пожалуйста, люби меня!»; другой — взрослый — отвечает: «Ты, проклятый ублюдок, я покажу тебе!»

Я заметила, что когда люди начинают больше любить себя, они отходят от подобных занятий, несущих разрушение обеим сторонам. Когда мы по-настоящему любим себя, мы не можем причинить себе боль и не можем причинить боль другому человеку.

Хей-рейд по сексу и сексуальности

История Луи Нассанея

«Мысли о сексе и сексуальности очень важны для людей со СПИДом. Когда почти четыре года назад мне был поставлен диагноз, первое, о чем я подумал, было: „А могу ли я теперь вообще заниматься сексом? Разве не секс создал мою болезнь? Достоин ли я того, чтобы заниматься сексом?" К тому времени я три месяца встречался с одним парнем. Через неделю после того, как мне поставили диагноз, я решил расстаться с моим другом. Я подумал, что если поправлюсь, то мне больше никто не будет нужен рядом. И если я собираюсь работать над своей болезнью, я должен делать это в обществе одного только Господа Бога. Я не хотел, чтобы меня отвлекали телефонные звонки, я не хотел волноваться о свиданиях по выходным. Я хотел думать только о бедняге Луи.

Это было важное решение, меня ждало море печали и слез, но это был выбор, который я сделал осознанно. Я посчитал, что если мне будет нужен секс, то Луи сможет заняться сексом с Луи: в конце концов, секс существует во множестве форм — это могут быть фантазии, это может быть мастурбация, это может быть порнофильм и это может быть вообще жизнь без секса.

Семь месяцев я не испытывал оргазм, но это во многом было связано с моим лечением. Я получал интерферон, а потом, когда решил закончить с ним, провел два месяца в раздумьях, достоин ли я заниматься сексом.

Я знаю, что мои слова звучат очень странно, но так оно и было.

Многие люди со СПИДом думают, что они недостойны завязать с кем-то интимные отношения. Они считают себя недостойными даже просто заявить о своих потребностях и желаниях! Спрашивают: „Кому я нужен, если я заболел пневмонией и так сильно похудел?“ или „Кому я нужен, раз у меня поражена кожа?“ Некоторые здоровые люди сегодня не ведут половую жизнь из-за страха заразиться.

После окончания того курса интерферона я начал думать о себе лучше и решил проверить себя. Я вспомнил, что Луиза говорила мне, как важно быть честным с собой и рассказать все своему партнеру, прежде чем заняться сексом. Большинство из нас просто хочет найти себе партнера на ночь, но если я встречу кого-то, с кем у меня завяжутся близкие отношения, я рано или поздно должен буду признаться ему, что у меня СПИД. С таким же успехом я могу сразу же, не откладывая, сообщить ему об этом.

Многие из нас отказались от встреч на одну ночь, потому что поняли, что именно это и привело их к СПИДу. Подобные встречи отражают тот факт, что мы не любим себя и того человека, с которым встретились; они говорят о том, что нам от него нужен только секс, нас интересуют только его гениталии.

Я узнал от Луизы, что быть честным безопасно, и если человек отвергает тебя, то это так и должно быть. Рано или поздно кто-то полюбит беднягу Луи за его сердце, а не за его тело или его волосы.

Затем появилась замечательная статья обо мне в журнале „Пипл". Со мной связалось почти семьдесят человек, которые хотели бы познакомиться. Из них только один был из Лос-Анджелеса. Я решил встретиться с ним, и этот человек стал моим партнером и остается им уже два года».

Лечение

Сегодня еще один совершенный день на Земле. Мы проживем его с радостью. Моя душа лишена сексуальности, и все же я уже много раз пережил разные виды сексуальных контактов. Выбор, который я сделал в этой жизни, поможет мне духовно вырасти. Я радуюсь моей сексуальности, которая отлично подходит мне. Я в гармонии с тем, кто я есть в сексуальном, умственном и духовном плане. Мы едины с той силой, что создала нас.

Мы спокойны, и все хорошо в нашем мире!

Глава восемнадцатая
Любить других, любить самих себя

Аффирмация:

Я живу в любви и гармонии со всеми!

Отношения с другими людьми

Каждый раз, когда я думаю о взаимоотношениях с другими людьми, я возвращаюсь к одному особому аспекту этих отношений, а именно все к той же концепции любви к себе. Если вы не любите себя, вы не сможете наслаждаться хорошими взаимоотношениями, потому что вы очень переживаете из-за них: вы так беспокоитесь, что он или она делают в данный момент, и действительно ли он (она) любит вас... И где он (она), и почему не звонит, и будет ли дома вовремя, и с кем он (она) сейчас?

Мы нагружаем себя множеством забот, когда не любим себя. Человеку, который не любит себя, невозможно угодить, вы всегда будете для него недостаточно хороши. Слишком уж часто мы выворачиваемся наизнанку, пытаясь удовлетворить партнера, который сам не знает, как это принять, потому что не любит себя таким, каков он есть.

Когда мы говорим о ревности, то опять-таки имеем в виду человека, который не любит и не ценит себя. Поэтому-то он так не уверен в себе и ревнует к другому. Он словно бы говорит: «Я недостаточно хорош и не стою твоей любви. Не понимаю, за что ты любишь меня, и я точно знаю, что, уходя, ты делаешь разные гадости за моей спиной».

Взаимоотношения на работе

У нас не может быть хороших отношений на работе, если мы не заботимся о себе, потому что тогда мы становимся подозрительными, ревнивыми или очень самоуверенными. А наш маленький уголок или отдельчик превращается для нас в центр мироздания, потому что мы боимся, что другие люди заберут его.

Если мы любим себя, то всегда остаемся спокойными и уверенными в себе, и у нас замечательные отношения на работе. Представьте себе людей в вашем офисе, которые плохо сходятся с остальными. В чем же дело? Им наплевать на себя. Они вовсе не плохие: если вы не ладите с другими, это не означает, что вы плохой человек — это означает, что вы верите в старые фальшивые идеи. Вы поверили кому-то, сказавшему, что вы недостаточно хороши. А когда вы недостаточно хороши, чего вы ищете больше всего в жизни? Любви и одобрения.

Вы думаете: «Меня никто не любит» или «Я недостоин любви». А когда вы недостойны любви, вам очень тоскливо жить, и поэтому вы становитесь язвительными или излучаете презрение. Вы ведете себя так, что остальным не хочется быть рядом с вами, а потом вы говорите: «Вот видите, меня действительно никто не любит!»

В том, что касается возможности заразиться СПИДом на работе, существует довольно обширный материал, представленный врачами. Вы рискуете заболеть только в определенных ситуациях — например, если имели сексуальный контакт с больным человеком или использовали общие иголки в шприцах. Очевидно, что нахождение в одной комнате, пожатие рук, совместное пользование кухней или ванной абсолютно безопасно. Когда мы владеем информацией, нет причины бояться работать с больным человеком, так же как мы больше не боимся находиться в одном офисе с больным раком или диабетом.

Если вы услышали, что один из ваших коллег болен СПИДом, относитесь к нему так, как вы бы хотели, чтобы относились к вам на его месте. Не играйте в игру «ах, как это ужасно!», а скажите, что вы хотели бы ему помочь и спросите, как вы это можете сделать. Если ваши коллеги в своем невежестве полны страха, проследите, чтобы они получили нужную информацию о СПИДе: попросите своего начальника провести собрание, где кто-нибудь знающий смог бы ответить на вопросы и успокоить людей. В большинстве городов сейчас есть «горячие линии» по СПИДу. Но, самое главное — подавляйте любые попытки осудить человека и не сплетничайте: то, что мы отдаем, возвращается к нам. Пусть эта ситуация станет временем духовного роста для вас.

Новые взаимоотношения: как сказать другим, что у вас СПИД

Как сказать другому человеку, что у вас СПИД, и когда лучше это сделать? Каждый решает это сам. У всех нас разные жизненные ситуации, и тут нет единых правил. Я знаю только, что если у вас крайне низкая самооценка и вы очень критичны к себе, люди, которым вы это скажете, скорее всего плохо примут ваше сообщение. Если же вы сильны и погружены в любовь к себе, тогда вы, вероятнее всего, встретите в ответ тоже любовь, понимание и поддержку.

Быть правдивым и честным — лучшее поведение. Сообщите о своей болезни при первом же свидании, дайте человеку шанс принять свое решение: ведь если он (или она) станет вам близок, потом будет намного труднее рассказать об этом.

Сразу же сообщите обо всем своим родителям и попросите у них любви и помощи. Дайте и им шанс. Если они вас отвергнут — обратитесь к своим друзьям, группам поддержки и создайте свою собственную семью. Обязательно расскажите друзьям. Вы можете потерять нескольких напуганных людей — пусть они уходят с любовью: вы обязательно обнаружите, что рядом с вами много по-настоящему верных вам товарищей. Начальству я бы рассказала о болезни только в случае необходимости, и если вы уверены в его поддержке.

В нашей группе был молодой человек, который работал бухгалтером в одной из крупных компаний. Когда в фирме узнали, что у него СПИД, его попытались пересадить в маленькую каморку отдельно от всех, делая все, чтобы его уволить. Однажды ночью он пришел к нам на семинар в сильном возбуждении, жалуясь на боли в животе. Мы объяснили ему, как важно с любовью благословить всех в этой фирме — так, чтобы не пострадало его собственное психическое и физическое здоровье. В то же время мы согласились с ним по поводу необходимости подать в суд, если его будут и дальше выживать с работы. Как следствие, этот человек не стал ни перепуганным хлюпиком, ни воинствующим нахалом: он вел себя по возможности спокойно, когда объяснял свою позицию руководству компании. «Они» отступили, и он все еще работает в той фирме. К тому же, как оказалось, его морально поддерживают многие коллеги.

Хей-рейд по взаимоотношениям

Луиза: «Сегодня вечером мы хотим поговорить об отношениях между людьми. Вы знаете, что искать отношения, стеная о том, как вы одиноки, — не самый подходящий способ действительно найти их. Вы должны любить себя таким, какой вы есть, и знать, что вы достойны любви, что все хотят любить такого человека, как вы».

Тед: «Я сотворил чудо, которое считал невозможным, и это чудо называется „встреча с любимым человеком“. Хотел бы я знать об этом заранее, когда пришел сюда год назад! Но тогда я ничего не знал, и рад, что сам нашел это чудо.

Мне поставили диагноз полтора года назад. Я никогда не чувствовал себя больным, и единственным проявлением моей болезни были высыпания на коже. С тех пор их у меня прибавилось, и это сильно испортило мое мнение о себе.

Мне кажется, для гомосексуалиста важно только то, что связано с его внешней привлекательностью. И так как я, повзрослев, считал себя довольно симпатичным, я стал очень самоуверенным. Когда мне был поставлен диагноз, я встречался с одним мужчиной, а через десять недель он бросил меня. Это было довольно тяжело пережить... Но чего еще я мог ожидать? Кто захочет знаться с больным СПИДом?

Причем, тогда у меня еще не было поражений кожи, и тот мой знакомый просто испугался. Тогда я подумал: „Ладно, значит, люди, с которыми я теперь могу встречаться, должны быть сами больны СПИДом, потому что только с ними мне будет спокойно“. В итоге, у меня было несколько коротких интрижек. Я всеми силами пытался завязать с ними длительные отношения. Я говорил себе: „Это мой последний шанс. Я буду любить этого человека, хочу я того или нет“.

Но ничего не получалось. Где-то шесть недель назад я встречался с двумя мужчинами, один из которых привлекал меня физически, а второй казался мне очень интересной личностью. Я старался, как мог, завязать с ними настоящие отношения, пока один не стал мне просто другом, а второй сказал, что нашел себе нового любовника.

Затем начался фестиваль геев и лесбиянок, а у меня не было партнера. Это был такой замечательный день! Мы веселились до упаду, и я не хотел, чтобы он кончался, потому что это был мой лучший день за долгое время...

Я вернулся домой и подумал: „Не хочу сегодня ночью быть один!“ И решил пойти в бар. Я не был в барах очень давно и знал, что с таким заметным поражением кожи мне будет нелегко найти себе партнера на ночь.

Я пошел в бар за углом, надеясь, что в день фестиваля там будет много народу. Четыре человека прятались в темноте, а один стоял на свету. Я узнал его — мы встречались в гимнастическом зале, но никогда не были близко знакомы.

Я вежливо поздоровался, не собираясь даже заговаривать с ним, потому что понимал, насколько это будет неудобно: мне придется сказать, что у меня СПИД, и когда он увидит мою кожу на свету, то с содроганием отвернется.

Убедив себя, что у нас с ним все равно ничего не получится, я прошел мимо него и заказал пиво, хотя никогда раньше так не делал. Но той ночью я ломал все свои стереотипы. И когда я медленно погружался в жалость к себе, ко мне подошел Этот Человек.

Первая его фраза была: „Я видел тебя на семинаре у Луизы Хей. Я знаю твою историю и хочу провести с тобой ночь“.

Этот мужчина буквально вдохнул в меня жизнь. Он — настоящий посланец небес, и часто говорит мне: «Ты сможешь справиться со всем, если захочешь».

Я хочу сказать тем, у кого недавно был диагностирован СПИД и кто поставил на себе крест: вы ошибаетесь. А самое настоящее чудо для меня, это то, что у моего любимого отрицательная проба на ВИЧ».

Когда следует разорвать отношения

Это прекрасно выглядит на бумаге, но что же на самом деле происходит, когда мы чувствуем, что наши отношения не сложились?

Если мы не любим себя, то мы не станем разрывать отношения — предпочтем подвергаться насилию и унижению, говоря при этом: «Я недостоин любви, поэтому уж лучше останусь с ним и буду выносить все, ведь больше я никому не нужен». Но кто это говорит? Мы сами. А когда мы меняем это мнение, тогда и к нам начинают относиться по-другому. Я вообще не могу найти какой-либо аспект отношений между людьми, который не был бы связан с нашим мнением о себе. Любим ли мы себя? Если нет, то что нам мешает? Что вы такое думаете о себе, что мешает вам любить себя? Мы не можем исцелиться и стать цельными, если не станем любить себя такими, какие мы есть.

Лечение

Сегодня еще один совершенный день на Земле. Мы проживем его с радостью. Я — аккорд симфонии жизни. Я сливаю себя с ее гармонией, и мой разум настроен на спокойствие. Я в гармонии с жизнью. Все мы ходим по одной и той же Земле, дышим одним и тем же воздухом и используем одну и ту же воду. Я излучаю созданную мной гармонию на всех тех, с кем соприкасаюсь. Я несу спокойствие, любовь и гармонию в свой постоянно расширяющийся мир. Мы едины с той силой, что создала нас.

Мы спокойны, и все хорошо в нашем мире!

Часть 3
КАК НАЙТИ ПОМОЩЬ

Глава девятнадцатая
Врачи: помощь процессам самоизлечения

Аффирмация:

Господь действует и через медицинских работников!

Когда у вас СПИД, врачи могут стать неотъемлемой частью вашей жизни, и ваши взаимоотношения с ними очень важны для излечения. Многие врачи боятся СПИДа, потому что очень мало знают о нем; многие поверили, что СПИД неизлечим, поэтому автоматически выносят смертный приговор своим больным. Но мы должны помнить, что нельзя слепо верить мрачным прогнозам медиков. Мы не статисты. Мы — уникальные существа. Мы подчиняемся законам нашего собственного сознания, а не сознания медицинских авторитетов. «Это может быть истиной для вас, но я предпочитаю верить другому» — хорошая аффирмация на все случаи жизни, когда бы вы ни услышали разного рода обескураживающие пророчества.

Возможно даже, что вы знаете гораздо больше о СПИДе, чем ваш врач. В конце концов, это вы больны, и только вы знаете, что именно болезнь творит с вами! Поэтому я бы порекомендовала вам узнать о СПИДе все, что возможно. Вы должны стать членом команды спасения вместе со своими медицинскими советниками. Помните: именно этим для вас является ваш врач — медицинским советником, а не непогрешимым авторитетом, не истиной в последней инстанции и уж точно не Господом Богом! Уважение должно быть проявлено с обеих сторон.

Вы совершенно справедливо хотите, чтобы врач выслушал вас и с уважением отнесся к вашим страхам и вопросам, чтобы он объяснил вам различные процедуры и их действие, рассказал о побочных эффектах лекарств и поддержал ваш интерес к альтернативным методам лечения. Если врач не отвечает этим требованиям, ищите другого.

Мой друг, доктор Боб Брукс, полностью одобряет ситуацию, когда больной работает бок о бок с врачом. Вот короткое описание его опыта работы с больными СПИДом.

«В течение почти трех лет я участвовал в обследовании и лечении людей со СПИДом. Некоторые из тех, с кем я работал, живут намного дольше, чем им было предсказано исходя из медицинской статистики. Эти люди, о которых я говорю, отличаются исключительной любовью к жизни и хорошим самочувствием, намного превышающим то, что описано в медицинской литературе или популярных изданиях. Когда я сталкиваюсь с такими людьми, я всегда спрашиваю себя, почему они, будучи серьезно больны, прекрасно справляются с болезнью, в то время как другие угасают.

Мои представления, почерпнутые из литературы по медицине и биологии, говорили мне, что все это результат генетических и конституциональных факторов. Однако сейчас я уже не так уверен в этом: мне кажется, что эти люди просто в корне иначе оценивают ситуацию.

Я хотел бы поделиться с вами некоторыми открытиями, которые я сделал насчет процесса исцеления от СПИДа.

Я полагаю, что мы одновременно живем во многих ипостасях. Две из них — это физическая реальность и наш жизненный опыт. Большинство людей считают свои переживания следствием обстоятельств, однако это спорный вопрос. Я думаю, что наш жизненный опыт больше связан с нашим отношением к этим обстоятельствам.

Так как мы буквально живем в море языка, мы не замечаем силы слова. В последнее время несколько исследований по гипертонии продемонстрировали, что одной из причин поднятия кровяного давления является человеческая речь, и что один из самых успешных способов достижения длительного контроля над патологически высоким давлением — это изменить диалог, форму общения между людьми

Подобные исследования расширяют наши представления о причине медицинской болезни, включая другую ипостась нашего бытия, в данном конкретном случае — человека как разговаривающего существа. Я видел много людей со СПИДом, которые создали прочные отношения с другими людьми (часто с теми, у кого нет СПИДа), всего лишь по-другому рассказывая о себе и о том, что с ними случилось.

Я уверен, что хорошее самочувствие зиждется на нашем жизненном опыте. Мы можем хорошо себя чувствовать при любых обстоятельствах; и наоборот, можем быть богатыми и здоровыми — и не чувствовать себя таковыми.

Некоторым трудно поверить в эту мысль, потому что с их точки зрения, больной СПИДом хорошо себя чувствует, если активно участвует в различных событиях, испытывает радость и любовь. Когда же этого нет, то больным невозможно достичь позитивного настроя. Однако, невозможность испытать эти радости переживания происходит на самом деле не из-за отсутствия подходящих обстоятельств — в большей степени это результат того, *как* и *что* люди привыкли думать.

В реальности, хорошее самочувствие — это индивидуальный выбор. Он включает смену индивидуумом позиции жертвы обстоятельств на позицию творца своей жизни. Эта смена позиции требует огромной силы воли, которая поможет человеку взять всю ответственность за свою жизнь на себя. Здесь речь буквально идет о желании проверить, достаточно ли сильно внутреннее «я» для того, чтобы самому создавать свои переживания.

Подобный разговор об ответственности перед собой очень труден, потому что большинство людей считают чувство вины синонимом чувства ответственности. Это результат того, как к нам относились в детстве. Когда мы были маленькими и делали то, что не одобряли наши родители, их слова о нашей «безответственности» были в действительности обвинением. Больные, которые отказываются признавать за собой ответственность за свою жизнь, на самом-то деле не хотят, чтобы их винили в чем-то. Конечно, мы можем не признавать своей вины, но мы не в состоянии отказаться от чувства ответственности за себя.

Я думаю, именно поэтому многие больные СПИДом возражают против того, чтобы их называли жертвами СПИДа: с их точки зрения, они просто люди со СПИДом и не хотят проживать свою жизнь в качестве чьей-то жертвы. Они создают для себя жизнь, полную любви, удовлетворения и высокого уровня здоровья.

Медицина, как наука физическая, неспособна создать настоящее здоровье. Предотвращение болезни или ее излечение не являются синонимами здоровья.

Чтобы обрести хорошее здоровье, мы должны расширить само понятие медицины. Я верю, что любые мероприятия, которые создают ощущение здоровья, помогают целительным процессам в нашем организме. Ниже я перечислю компоненты, которые, по моему мнению, необходимы, чтобы создать то, что я предпочитаю называть атмосферой исцеления.

1. **Стремление жить** — это ключ к любому виду лечения. Без такого стремления больные люди не смогут придерживаться поведения, которое повысит шансы выживаемости. Я видел умирающих больных, у которых внезапно появлялось сильное желание жить, и в результате происходило их чудесное исцеление. Я также видел больных, которые могли бы прожить намного дольше, исходя

из их состояния здоровья, но безвременно умирали потому, что больше не хотели жить.

2. Ласка и любовь. Сила ласки и любви была, похоже, забыта в нашем обществе высоких технологий. Психологи задокументировали сильнейший эффект отсутствия ласки и любви у младенцев и назвали это состояние «синдромом отнятия от матери». Я думаю, что это верно и для взрослых, пусть даже в меньшей степени. Последствия этого не столь очевидны, и все же они так же серьезны в плане воздействия на здоровье. Нам всем нужны любовь и ласка. А нигде их отсутствие не ощущается так сильно, как в наших больницах, где больные СПИДом, как правило, содержатся в сенсорной изоляции и к ним относятся словно к прокаженным. Мы ведем себя так, будто удовлетворение этих основных потребностей должно каким-то образом выписываться нам по рецепту. А правда заключается в том, что никакой технический прогресс не восполнит дефицит удовлетворения базовых потребностей нашей натуры. Многие люди уже осознали это, и потому тревожатся по поводу своего пребывания в больнице — словно наше подсознание дает нам предупреждение: «Тут небезопасно для человека!»

3. Цель в жизни. Побег от смерти — не очень сильный стимул жить. Человек имеет наилучший шанс выжить, когда он имеет что-то, ради чего, по его мнению, *стоит жить*. Причины жить приходят к нам из других, не научных сфер, из тех исключительно тайных сфер сознания и бытия, которые делают нас людьми. Хорошие врачи знают это, хотя и не смогут как следует выразить эту идею словами. Все мы в медицинской практике наблюдали больных, у которых всепоглощающая привязанность к кому-то или чему-то являлась причиной или излечения, или длительной ремиссии.

4. Стремление обратиться к себе. То, как мы на Западе относимся к любому авторитету, потрясает: для многих из нас все, что написано в книге — непреложная истина. Когда же мы сталкиваемся с подобной ситуацией на самом деле и видим ее несоответствие книжному варианту, то начинаем сомневаться в себе — нас научили не верить своей интуиции и опыту всего человечества. И все же, вековая мудрость вдохновляет людей заглядывать внутрь себя в поисках ответов на самые трудные вопросы. Я думаю, что путь к исцелению начинается именно со *взгляда внутрь,* в себя, и осознания нашей собственной целительной силы.

Я бы хотел закончить эту дискуссию коротким описанием своей позиции по данному вопросу. Я считаю, что современная медицина внесла огромный вклад в сохранение здоровья людей, в этом нет никакого сомнения. Однако многое, жизненно важное для нашего выживания как индивидуумов и представителей вида «хомо сапиенс» было, к сожалению, забыто и проигнорировано медициной. Я считаю, что сейчас мы вступаем в век синтеза и кооперации. Так же как супердержавы должны научиться жить вместе, если мы хотим избежать гибели во вселенском взрыве, так и медицина должна научиться сосуществовать с другими, нетрадиционными направлениями, помогающими нашему здоровью. Пока врачи не научатся уважать другие подходы к исцелению и здоровью, они будут неуклонно терять уважение тех самых людей, которым поклялись служить. Настало время нам всем объединиться и объединить свои системы ценностей и свои знания. Наука ради науки больше не имеет смысла».

Аффирмация для врачей

Так же как врачи должны уважать альтернативную медицину, так и мы должны отвечать за тех врачей, которых выбрали для своего излечения. Врачи, которых мы привлекаем для этого, отражают наши собственные представления о нас самих и об их профессии. Если вы ищете нового врача или размышляете над тем, чтобы сменить старого, я бы предложила вам сначала заняться умственной работой. Решите для себя, что именно вы хотите найти в отношениях с этим человеком, а затем создайте аффирмацию: вы можете даже записать ее. Получится нечто подобное тому, что я привожу ниже.

«Сейчас у меня замечательный врач, мы уважаем друг друга. Мы — члены команды моего спасения. Нам легко общаться и понимать друг друга; мой врач поддерживает меня и уверен, что меня можно вылечить. Он очень знающий человек и одобряет меня в отношении общеукрепляющей терапии. Все, что мы делаем вместе, вносит вклад в процесс моего исцеления. Я люблю своего врача, и мой врач любит меня».

Добавьте все, что вы еще хотели бы видеть в ваших взаимоотношениях с врачом, после чего читайте это по нескольку раз в день. Так же продолжайте работать с аффирмацией: «Сейчас я привлекаю к себе самого лучшего врача». Если у вас появились негативные мысли по поводу врачей или вы слышали какие-либо ужасные истории на их счет, просто скажите себе: «Это может быть верно для других, но мой врач не такой». Проводите позитивную психическую работу, чтобы найти себе такого врача, какой вам нужен. Найдя же, называйте своего врача по имени — это поставит вас с ним вровень; не скрывайте от него какие-то детали вашей жизни: если уж он будет сопровождать вас на пути к исцелению, он должен знать обо всех аспектах вашей жизни — это и есть отражение вашего доверия к нему. Любой врач, которого оскорбит подобная открытость, слишком неуверен в себе, чтобы работать с ним. Врач — это человеческое существо, такое же как и вы, хоть и обладающее специальными знаниями, и он вовсе не сверхчеловек.

Билль о правах больного

Мой друг, доктор Альберт Лернер, создал «Билль о правах больного», чтобы показать, что мы, как больные, должны быть сами вовлечены в воссоздание своего здоровья.

«Ответственность за наше существование охватывает все аспекты нашего бытия и все фазы нашей жизни, и отношения врач—больной играют здесь решающую роль.

1. Вы имеете право получить достаточную информацию о своем заболевании и, советуясь с врачом, выбрать свой собственный курс лечения.

2. У вас есть право на партнерские отношения с вашим врачом. Вы должны:

а) Понимать важность того, чтобы вас внимательно *выслушали!*

б) Четко определить цель своего визита.

в) Четко определить ваши потребности, лежащие за пределами насущных проблем. Например: длительная потребность в советах по поддержанию здоровья.

г) Сообщить врачу о своем эмоциональном состоянии и том, как вы справляетесь со стрессами. Задайте себе следующие вопросы:

а) Вы предпочитаете сдерживаться или выражать чувства любви, гнева или грусти?

б) Что происходит в вашей личной жизни, отношениях с людьми и на работе? Как вы с этим справляетесь?

3. Проинтервьюируйте врача. Задайте ему следующие вопросы:

а) Каковы его философские воззрения на исцеление?

б) Готов ли он поддерживать диалог с больным.

в) Как он воспринимает конструктивную критику?

г) Занимает ли врач оборонительную позицию, критичен ли он и вспыльчив или открыт и доступен в общении?

д) Чувствуете ли вы, что вас подгоняют, отталкивают или обрывают, когда вы пришли к врачу?

4. Лишите медицину флера таинственности.

а) На чем основывался ваш диагноз?

б) Какие были проведены лабораторные исследования и что они показали?

в) Какие еще данные были получены?

г) План лечения. Удостоверьтесь, что вы по крайней мере имеете к нему доступ.

д) Побочные эффекты (если они есть), касающиеся выписанных препаратов.

5. И, наконец, не будьте запуганным!»

Как видите, есть много замечательных врачей — заботливых, знающих, добрых, действительно заинтересованных в вашем состоянии и открытых для различных форм исцеления. И вы способны найти их, если любите себя. Становится все больше таких врачей, как Берни Сигал, который считает, что больной имеет самое прямое отношение к возникновению болезни к исцелению от нее. Эти врачи готовы выйти за пределы стандартной медицинской практики и включить больного в процесс исцеления. Они верят в совместные усилия!

Лечение

Сегодня еще один совершенный день на Земле. Мы проживем его с радостью. Я — особое существо, любимое Вселенной. Когда я усиливаю любовь к себе, Вселенная следует за мной, зеркально увеличивая и усиливая любовь. Я знаю, что энергия Вселенной есть в каждой личности, месте и вещи. Эта исцеляющая сила любви может выражать себя и через медицинскую профессию, она есть в каждой руке, которая касается моего тела.

На своем пути к исцелению я привлекаю только очень увлеченных людей. Мое присутствие помогает воспитывать духовные целительские способности в каждом враче. Врачи и медсестры поражены собственной способности работать вместе со мной как команда по исцелению. Мы едины с той силой, что создала нас.

Мы спокойны, и все хорошо в нашем мире!

Глава двадцатая

Стоит ли иметь дело с медицинскими учреждениями

Аффирмация:

Каждая рука, что касается меня, обладает целительной силой!

Больницы

В случае с раком было замечено, что люди, которых называли «плохими» или «тяжелыми» больными, имели лучшие показатели выживаемости. Больные же, которые смирились со всеми процедурами, чаще всего погибали. Если вы окажетесь в больнице, делайте все, что в ваших силах, чтобы постоять за себя: просите палату с хорошим видом из окна, задавайте вопросы и настаивайте на том, чтобы получить ответы; не соглашайтесь на процедуры, если вы не знаете, зачем они; возьмите с собой магнитофон и записывайте разговоры с медицинским персоналом — вы платите за их услуги и имеете полное право задавать им вопросы: действительно ли назначенные процедуры хороши для вашего организма или просто их здесь делают каждому больному?

Если вы слишком больны, чтобы постоять за себя, пригласите с собой хорошего друга. Проследите, чтобы у вас было с собой все необходимое: возьмите пленки для магнитофона, целительную музыку, пленки на расслабление. Используйте это время для учебы. Делайте визуализации, пищите аффирмации. Возьмите также несколько личных вещей, чтобы украсить свою палату; принесите из дома несколько рубашек, чтобы носить их вместо больничных халатов. Проследите за тем, чтобы кто-нибудь снабжал вас здоровой, полноценной пищей вместо больничной еды. Всегда держите рядом с собой тарелку со свежими фруктами.

История Билла

«Меня зовут Билл. 24 ноября 1984 года мне был поставлен диагноз „болезнь Ходжкина". Первой моей мыслью было: „Почему именно я?". Я три недели назад бросил старую работу и начал свой собственный бизнес, и у меня еще не было страховки. Моим первым вопросом врачу было: „Сколько мне осталось жить?". Я чувствовал себя самым несчастным человеком на Земле.

Потом я отправился в госпиталь со своим любовником, чтобы сделать биопсию. На пути домой его мотоцикл попал в аварию, и нам еще повезло, что мы остались в живых. Почти сразу после этого его мать, которая была мне близка как моя собственная, подверглась нападению — ей перерезали горло. Каким-то чудом она тоже выжила и сейчас хорошо себя чувствует. За два месяца до окончания курса химиотерапии мой младший брат пережил отравление угарным газом... Я полетел в Иллинойс, чтобы побыть со своей семьей, которую не видел пять лет. Врачи сказали, что если мой брат когда-либо выйдет из комы, то остаток жизни обречен на растительное существование...

Через две недели я полетел обратно в Сан-Франциско, чтобы пройти новый курс лечения. Четвертого июля позвонила моя сестра и сказала, что брат вышел из комы и поправляется. Через два месяца после окончания моего лечения умерла моя бабушка, которую я очень любил...

Мне казалось, что я несусь на санках с крутой горы и никак не могу остановиться.

Я многого ожидал от других. Медицина должна была вылечить меня, я же хотел как можно меньше „влезать" во все это. Врачи предложили мне провести курс химиотерапии. Я сомневался в успехе, но решил все-таки позволить им вылечить меня.

В августе 1985 терапия закончилась, и врачи сказали, что я в ремиссии. Я чувствовал себя неплохо, поэтому снова начал заниматься в гимнастическом зале. Месяц спустя я обнаружил припухлость в паху. Через некоторое время она увеличилась и стала болезненной. Врачи сказали, что у меня грыжа. Решив, что я слишком рано стал поднимать тяжести, я подумал, что их диагноз вполне разумен, но после дополнительного обследования я узнал, что эта припухлость — опухоль, которая увеличивается с каждым днем. Это меня убило. Я был в таком состоянии, что не думал, что проживу еще один день. И все же, я так и не взял ответственность на себя — это была „их" вина, что я не выздоровел.

За несколько месяцев до этого сосед дал мне книгу под названием „Ты можешь исцелить свою жизнь". Я был в таком отчаянии, что прочитал ее. Я открыл книгу около полуночи и читал до шести часов утра. Я делал аффирмации и слушал кассету „Рак: ваша исцеляющая сила". Устав, я заснул прямо на софе. Я проснулся через два часа — не мог поверить своим ощущениям: опухоль в паху исчезла. Все, что я нащупал, — это шарик размером с горошину там, где последние три недели было что-то размером с грецкий орех. Я был полон любви и энергии, я не чувствовал себя так хорошо даже до того, как мне поставили диагноз. Это было невероятно!

С того дня я осознал, что должен сам нести ответственность за свою жизнь. И я отвечаю за все, что происходит со мной.

С того незабываемого утра в моей жизни произошло много хорошего: возобновились отношения с родителями, и мы теперь ближе друг другу, чем были раньше. Мой любовник тоже прочитал книгу и прослушал пленки, и думает, что он улучшит наши отношения. Я больше не сосредотачиваюсь на негативных обстоятельствах, ищу во всем хорошее. Мой рак стал для меня огромным уроком: благодаря ему, моя жизнь наполнилась радостью и счастьем, она полна смысла, пока я помню, что люблю себя и что Вселенная всегда позаботится о моих нуждах.

Первая аффирмация, которую я запомнил, была из книги „Ты можешь исцелить свою жизнь". Она звучит так: „Я абсолютно счастлив быть самим собой. Я достаточно хорош таким, какой я есть. Я люблю и одобряю себя, я отдаю и получаю радость".

В первый раз, когда я записал эти слова, я счел их глупостью и думал, что все с точностью до наоборот. Сегодня же они для меня правдивы, я верю в каждое слово. Теперь по утрам, бреясь, я улыбаюсь себе в зеркале и говорю, как сильно я себя люблю и какой я особенный. Ко времени выхода из ванной я чувствую себя отлично!

Сейчас я прохожу второй курс химиотерапии, на этот раз активно участвуя в нем, и результаты превзошли все ожидания: мои врачи говорят, что анализ крови и мой внешний вид лучше, чем они были за весь последний год. Научившись любить себя и свое тело, я словно выехал с одноколейки на широкое шоссе».

Билл обнаружил позитивный подход к медицинскому сообществу. Если вы хотите последовать его примеру, вы должны помнить, что самое важное тут — ваше желание участвовать в процессе лечения. Когда вы принимаете таблетку, вы должны быть уверены, что это для вашей же пользы. Ни в коем случае не думайте о побочных эффектах, которые проявились у других людей, помните только о том избавлении, которое оно принесет вам.

Очень хорошо, если вы будете произносить аффирмацию после приема лекарства. Вы можете говорить что-то вроде: «Это самое отличное лекарство для меня, и оно принесет мне много добра».

Нельзя полностью игнорировать усилия врачей: с помощью химиотерапевтического лечения было покончено со многими болезнями. В случае со СПИДом создатели лекарств тоже предлагают что-то новое буквально каждый день. Это очень хорошо, так как, благодаря их совместным усилиям в борьбе против СПИДа, могут быть попутно излечены и другие заболевания, например лейкемия. И в знак признания заслуг медицины в борьбе со СПИДом я предлагаю вам простой перечень некоторых способов медикаментозного лечения.

Лекарства

Иммуномодуляторы[1]

Это лекарства, которые усиливают синтез в теле лимфоцитов и теоретически укрепляют вашу иммунную систему.

1. *DDTC, Иммутол*. Это средство является, по-видимому, наиболее подходящим для ВИЧ-инфицированных больных и больных с «предСПИДом». Лишенное побочных эффектов, оно у некоторых больных способно восстанавливать нормальный уровень Т4- и Т8-лимфоцитов. Так как ВИЧ реплицируется в Т-клетках, некоторые исследователи считают, что увеличение числа Т-лимфоцитов в крови может также увеличить вирусную активность, однако, проведенные в Лионе (Франция) тесты показали, что с *DDTC*, этого не происходит.

2. *IMREG-1*. Это продукт собственных лимфоцитов тела. Действуя на иммунную систему, это лекарство повышает уровень Т4-клеток и степень реакции на антигены,

---

[1] Названия лекарств могут не совпадать с теми, под которыми они известны в нашей стране. Необходимо также учесть, что здесь приведены данные на 1988 год и с тех пор многие лекарства устарели или же изменились представления об их эффективности.

такие как столбнячный анатоксин (обезвреженный бактериальный токсин). Оно не восстанавливает иммунный ответ до нормального уровня, но так как при его применении отсутствуют побочные эффекты, оно может оказаться полезным для продления жизни больных СПИДом, уменьшая риск возникновения сопутствующих ему инфекций.

3. *Иносиплекс, Исоприносин.* Хотя исследования по этим препаратам находятся еще на ранних стадиях, было показано, что они увеличивают количество НК-клеток (клеток — естественных киллеров). Для них тоже не было обнаружено никаких побочных эффектов.

4. *Интерлейкин-2.* Это еще один природный лимфоцин (иммуноактивный фактор лимфоцитов), известный также как фактор роста Т-клеток. В теле человека, как было доказано, он способствует пролиферации всех подвидов Т-клеток и благодаря этому является потенциальным агентом, восстанавливающим нормальный иммунный ответ у больных СПИДом. Так как это — естественный фактор роста, при лечении им не было выявлено никаких побочных эффектов. Это лекарство продавалось в аптеках много лет, и оно доступно всем.

Антивирусные препараты

Эти препараты препятствуют размножению вирусов.

1. *AL-721.* Это безвредная высококонцентрированная смесь, лецитин-нейтральный липид. В идеале, она обволакивает Т-клетки (как и все другие ваши клетки)

дополнительным жировым «панцирем», затрудняя вирусу проникновение внутрь клетки.

2. *Рибовирин.* Хотя у некоторых больных это лекарство вызвало анемию, у ВИЧ-инфицированных и асимптоматических больных, оно, похоже, останавливает развитие болезни, достигая этого торможением действия фермента обратной транскриптазы, которая играет главную роль в размножении вируса.

3. *Бета-интерферон.* Это производное собственных клеток тела, чувствительных к раковым клеткам. Есть некоторый прогресс при лечении этим препаратом саркомы Капоши, хотя описаны и тяжелые побочные эффекты, такие как тошнота, потеря веса и боль в мышцах.

4. *Эндовудин Ретровир (AZT,* в России более известен как *азидотимидин). AZT* — это первое признанное Управлением по контролю за качеством пищевых продуктов, медикаментов и косметических средств, лекарство от СПИДа, которое сейчас широко применяется. Этот антивирусный препарат сражается с вирусом, «подсовывая» ему искусственную форму нуклеозида тимидина, которая необходима для синтеза вирусных компонентов. In vitro, как показывают тесты, данный препарат успешно подавляет репликацию вирусов. Человеку этот медикамент помогает год или два, а затем репликация вируса возобновляется. Побочные эффекты включают анемию и тошноту. Лекарство исходно было разработано как профилактическое средство, поэтому эти побочные эффекты обычно не возникают у ВИЧ-позитивных больных без выражен-

ных симптомов инфицирования, с числом Т4-клеток выше или равным 500/куб. см.

Некоторые ученые думают, что именно комбинации этих двух типов препаратов могут дать долгожданное средство от СПИДа. И все же, проконсультируйтесь с вашим лечащим врачом, прежде чем начнете химиотерапевтическое лечение: многие из этих лекарств все еще являются экспериментальными, и вы можете подвергнуть ненужному риску свое и без того хрупкое здоровье.

Помните, что наука всегда пытается обнаружить «яд», который убьет болезнь, но не больного, поэтому присмотритесь к альтернативной медицине. Есть много видов общеукрепляющей терапии, которые помогают при лечении больных СПИДом и другими болезнями.

Вы можете участвовать в процессах исцеления и других людей — хотя бы даже во время посещения больниц. Умение вести себя с тяжелобольным — это путь к вашей личной радости и исцелению всех участников этого процесса взаимопомощи.

Лечение

Сегодня еще один совершенный день на Земле. Мы проживем его с радостью. Сегодня меня ждет какое-то неожиданное и неведомое благо. Я выше всех правил и предписаний. В каждом медицинском учреждении становится все больше врачей, которые увидели Свет и идут по пути духовного развития. И я привлекаю этих людей к себе, где бы я ни находился.

Моя духовная атмосфера любви и приятия в каждое мгновение этого дня словно магнитом притягивает к себе маленькие чудеса. Где бы я ни был, везде возникает целительная атмосфера, и она благословляет всех и несет спокойствие всем. Мы все едины с той силой, что создала нас.

Мы спокойны, и все хорошо в нашем мире!

Глава двадцать первая

Когда человек, которого вы любите, болен СПИДом

Аффирмация:

Мое сердце открыто на самом глубинном уровне!

Если ваш друг болен СПИДом

Выразите свою любовь к нему действенно: звоните каждый день, если можете, пишите письма или, если живете близко, почаще навещайте его и помогайте ему — иногда пустячная задачка может быть невыполнимой для больного СПИДом. Вызывайтесь исполнять поручения и делать работу по дому, отвозите его к врачу или на прогулку — сообразно уровню его энергии. Вы можете также записаться в группу поддержки и узнать, как конкретно помогать ему, в то же время поддерживая себя. Любите его без всяких условий, будьте нежны с собой и с ним!

Если член семьи болен СПИДом

Если вы узнали, что член вашей семьи болен СПИДом, скажите ему, что вы его любите и готовы поддержать любым доступным вам способом, — ему так необходимо это услышать! Любовь и поддержка помогут больше, чем любое лекарство. Делайте все, что можете, чтобы избавить больных СПИДом от чувства вины, если оно у них имеется. Если же между вами есть что-то незавершенное, осталась какая-то недоговоренность — настало время поговорить и завершить все. Я снова и снова слышу от людей, которые победили СПИД, что их семьи любят и поддерживают их.

Если СПИДом болен ваш ребенок

Что сказать о детях, у которых СПИД? Я просто считаю, что они сами выбрали на эту жизнь родителей, которые передали им это заболевание. Так много детей, больных СПИДом, заброшены и одиноки в больницах! А ведь то, что мы отдаем, всегда возвращается к нам. Если мы бросаем в беде другого человека, рано или поздно и нас в ней бросят. Не в этой жизни, так в следующей.

К сожалению, этим рассуждением не убедить тех, кто нас бросил или плохо к нам относится... Но если мы решим в ответ на это тоже вести себя отвратительно, то поступим очень неразумно, ибо только любовь может исцелять, а в зле мы друг друга все равно не перещеголяем. Неважно, что произошло, неважно, что «они» сделали с нами, — надо просто остановиться и послать им нашу любовь. Потому что любовь привлечет любовь и начнется процесс взаимного исцеления.

Чтобы лучше понять эту болезнь, мы должны научиться смотреть на жизнь в более космическом плане. Дети находятся под влиянием сознания окружающих их взрослых, они легко подхватывают стереотипы мышления и отвечают на них. Один из самых быстрых способов исцелить ребенка — это исцелить сознание взрослых. Ребенок же быстро среагирует на это изменение, и оно отразится в плане улучшения его здоровья.

Это похоже на то, как родители выбирают нас. Я верю, что мы сами выбираем родителей, наиболее подходящих для того, чтобы дать нам тот опыт, который требуется для нашего духовного эволюционного развития. Новые души выбирают более легкие переживания — они еще «ходят в детский сад». Взрослые души выбирают более тяжкие испытания для своих жизненных уроков. По моему мнению, тяжелобольные дети выбрали это испытание еще до того, как вновь появились на нашей Земле.

Бывает, что когда мы приходим на эту планету, нам не требуется долгая жизнь, чтобы выполнить свое задание на ней: нам может потребоваться всего несколько часов, или несколько месяцев, или несколько лет до его полного завершения. Мы проживаем так много жизней! И каждая из них непохожа на остальные, каждую свою жизнь мы проживаем «с разных точек зрения». Если мы плохо справляемся со своими проблемами в одной жизни, мы пытаемся компенсировать это в другой. Если однажды мы стали насильником, то в другой жизни обязательно изнасилуют нас... Об реинкарнации написано много книг. Почитайте их!

Я рассказываю это здесь не для того, чтобы вы ожесточили свои сердца, говоря: «Они заслуживают подобного обращения, потому что плохо вели себя в прошлой жизни», — я вовсе не это имела в виду! Мы нуждаемся в помощи других людей, чтобы трансформировать свои старые негативные привычки. Я показываю вам всю сложность и многоцветье жизни, чтобы доказать, что каждое мгновение ее бесценно. Все, что мы говорим, делаем и думаем, имеет значение, и поэтому мы должны очистить свои поступки прямо СЕЙЧАС.

Если ваш ребенок болен СПИДом, помогите ему! Скажите членам вашей семьи и соседям, как сильно вы любите своего ребенка, не равняйтесь на их мысли — и тогда вы продвинетесь по своему пути духовного совершенства. Все великие учителя с начала истории человечества говорили о безусловной любви человека к человеку, и ее постижение — величайший урок, который нам предстоит усвоить в этой жизни. Мы городим множество препятствий перед этой любовью, и все же в состоянии преодолеть их все. Если во всех жизненных ситуациях идти от полного любви сердца, то вас ничто не устрашит!

Ваше отношение к любимым как к «падшим ангелам» или «грешникам», или даже к людям, которые «получили то, что заслужили» не вылечит их. У нас нет времени увлекаться подобным ограниченным взглядом на жизнь, так как именно он позволил СПИДу так широко распространиться между нами. Мы существуем на этой планете для того, чтобы помочь друг другу и превратить ее в оазис любви, спокойствия и всеобщего исцеления.

Появление рядом с нами больных СПИДом — новое испытание для всех нас. Тут нет правил, что делать и как себя вести, — мы сами ищем свой путь. Самоустраниться потому, что ты не знаешь, что делать, означает отказать своему другу или любимому в поддержке, которая им сейчас особенно нужна, и пропустить возможность для своего духовного роста. В своих размышлениях я пришла к тому, что, *покидая планету, мы берем с собой только нашу способность любить*. СПИД предоставил нам шанс открыть свои сердца на более глубинном уровне. Принимайте больных СПИДом такими, какие они есть, не пытайтесь их изменить. Принимайте то, что есть, и научитесь помогать им справиться с заболеванием.

Если вы боитесь СПИДа — спросите себя, как бы вы отреагировали, если бы у них был диабет, инсульт или рак.

Человек, который недавно был диагностирован, как ВИЧ-инфицированный, может быть таким же перепуганным, как и человек, больной СПИДом, поэтому будьте к нему очень внимательны. На самом деле, окончательный диагноз может даже принести некоторое облегчение, потому что этим людям теперь «нечего» бояться. В эти первые недели несчастному человеку может существенно помочь группа поддержки: давайте этим людям всю возможную позитивную информацию, предлагайте им участвовать в оздоровительной программе по питанию, советуйте им делать все возможное, чтобы укрепить свою иммунную систему. Относитесь к этим людям с особой любовью.

Посещение больницы

Это крайне тяжелое переживание, но в последнее время посещение больницы становится самым обычным занятием для многих. Это время дискомфорта для всех нас, потому что мы не знаем, что делать, чтобы действенно помочь человеку.

Получая знания о правильном питании, мы начинаем понимать, что конфеты или печенье — не самая полезная еда для больного. Если вы хотите принести ему еду или питье, то лучше будет, если вы найдете высококачественные, экологически чистые продукты. Свежие фрукты и соки намного полезней для организма, чем сладости и кока-кола. Свежий морковный сок — отличное дополнение к больничной кухне.

Если вы собрались в больницу, подумайте: «Что я могу сделать, чтобы помочь его излечению?». Возможно, больной хотел бы, чтобы ему почитали. Вы можете принести также кассеты с записями и даже недорогой магнитофон. В больнице время течет очень медленно, и ободряющие записи помогут превратить этот период жизни в нечто позитивное.

Помните, больше всего помогает личное посещение. Нам не обязательно быть особенно умными или особенно веселыми — достаточно просто прийти и сказать: «Я люблю тебя и хочу зарядить тебя положительной энергией». А затем коснуться тела больного. Наложение рук практиковалось с начала времен — это естественный человеческий жест, когда кому-то плохо. Даже когда мы сами порежемся, мы немедленно кладем руку на место пореза, «чтобы стало лучше». Подобный обмен энергией — благословение для обеих сторон.

Когда я посещаю кого-то в больнице, я люблю массировать ногу больного. Это обычно всегда принимается с радостью. Сначала спросите разрешения, а затем нежно погладьте ногу человека. Вам не требуется никаких особых знаний — просто следуйте своему внутреннему голосу. Это, вероятно, наилучший подарок, который вы сможете принести человеку в больницу, — внимание и расслабляющая энергия. Рефлексологи утверждают, что нога передает энергию во все части тела, и поэтому, массируя ногу, вы приносите облегчение всему телу.

Это также дает возможность не стоять, пытаясь придумать подходящие слова. Вместо ноги можно выбрать руку, да и вообще любую часть тела, свободную от поражений.

Один из моих студентов в Нью-Йорке организовал службу посещения больниц. Они приходят группами по три человека и проводят около пятнадцати-двадцати минут с каждым больным, слушая его, разговаривая с ним или массируя его. Они спрашивают, чего он хочет, и делают все возможное, чтобы выполнить его желание. Но самое главное они дарят любовь тем, кому это больше всего нужно.

Лечение

Сегодня еще один совершенный день на Земле. Мы проживем его с радостью. Во мне столько любви, что я в состоянии исцелить всю планету! Сейчас я позволяю этой любви подняться на поверхность, чтобы я мог с ее помощью поддержать тех, кого люблю. Я полон любви и знаю, что сумею помочь людям мириадами способов.

Я здесь, чтобы любить без всяких условий, и у меня сейчас есть возможность это делать. Мы едины с той силой, что создала нас.

Мы спокойны, и все хорошо в нашем мире!

Глава двадцать вторая
О смерти и угасании

Аффирмация:

*Мы в гармонии с ритмом
и потоком жизни!*

Мы не знаем всех ответов, но должны жить в ладу с собой, неважно, кто мы есть, и осознать, что смерть не является проигрышем. Это просто одно из переживаний в нашей жизни. И, как я уже говорила много раз, мы уходим лишь тогда, когда наступает наше время. Мне даже кажется, что мы заранее заключаем соглашение с нашими душами о том, когда нам уходить.

Мы почему-то думаем, что останемся здесь надолго. Однако мы здесь до тех пор, пока выполним свою миссию, а затем перейдем в очень далекие миры или, возможно, вернемся. Смерть и рождение — две стороны одной медали: один человек приходит на планету, другой в это время покидает ее...

Мы слишком долго избегали обсуждения темы смерти, не желая ничего знать о ней. А потом, внезапно, мы вплотную столкнулись с этой проблемой и с необходимостью примирить себя с ней.

Помните: смерть — не наказание. Смерть — не несчастье. Смерть — это всеобщий уравнитель, смерть — это всеобщий целитель. Смерть — это способ, которым мы покидаем данное тело, больше не подходящее нам, покидаем физический мир. Мы приходим на эту планету много раз и переживаем множество жизней, и мы покидаем планету тоже множеством разных путей и в различных возрастах.

Если у вас СПИД, и вы решили, что следует покинуть эту планету в ближайшем будущем, делайте это с радостью и любовью. Будьте спокойны, поделитесь этим спокойствием с окружающими. Позвольте им узнать, какой любящей может быть смерть. Если смерть пугает вас, почитайте книгу Р. Моуди «Жизнь после жизни». В ней приводится много рассказов людей, которые пережили клиническую смерть и вернулись. И каждый говорит о том, что его там встретили Любовь и Свет. Этот опыт изменил их взгляд на жизнь и уничтожил страх перед смертью.

Как и вы, я желаю как можно большему числу людей поправиться, хотя и вижу, что на самом деле только некоторые готовы заняться самоисцелением: требуется большая сила воли, чтобы мобилизовать себя на сто процентов. Я снова и снова слышу: «Я немного сжульничал в своей диете...» Обманул, но кого? Когда речь идет о жизни и смерти, не время жульничать.

«Ну, я немного покурил «травки» со своими друзьями...». Какие это друзья, которые поощряют вас и дальше вредить своей иммунной системе? Разве вам сейчас нужны подобные «друзья»?

Когда я захожу в больничную палату и вижу прохладительные напитки, шоколадное печенье и коробки конфет, мне хочется плакать.

Да, выздороветь — нелегкий труд. Да, это значит изменить весь уклад вашей жизни. Да, это может означать появление новых друзей. Сможете ли вы пойти на это? Достаточно ли вы любите себя? Есть ли у вас причина жить? Ради чего вы живете?

Некоторые люди используют это заболевание, чтобы с облегчением покинуть планету: они создали здесь себе жизнь, которую неспособны исправить, поэтому им легче уйти сейчас и попробовать начать все сначала. Некоторые хотят покинуть нашу планету как можно более шумно, став «примером» для общины гомосексуалистов или для всего человечества. Пусть! Не будем их судить.

Я знаю, что каждое заболевание, созданное нами, может быть нами же и вылечено. Всегда есть люди, которые вышли за пределы общепринятых мнений и чудесным образом исцелились. В отношении СПИДа я знаю, что если поймать это заболевание на раннем этапе, и если человек хочет отдать всего себя процессу исцеления, то лечение приносит удивительные результаты. Пока работает иммунная система, исцеление возможно. Когда же иммунная система опускается ниже определенного уровня — а он различен у разных людей, возвращение к здоровью затруднено.

Наступает время в жизни каждого человека, когда он (или она) должен принять тот факт, что наступает смерть. Мы должны быть спокойными в это время, когда бы оно ни наступило. Мы должны научиться принимать смерть. Мы так же должны пройти через переживания, которые она несет с собой.

Горе

Очень естественно разгневаться, когда уходит тот, кого вы любите.

Иногда мы чувствуем и свою вину в этом, особенно если человек умирает. Мы укоряем себя: «Я не должен испытывать гнев», — но все равно его ощущаем.

Мы не привыкли проходить через смерть. К ней привыкаешь только тогда, когда имеешь дело с людьми, умирающими от старости. Сейчас же мы оказались в совершенно иной ситуации: мы моложе, и мы имеем дело с нашими друзьями, которые также молоды. К подобному опыту мы не готовы. Мы так долго отгораживались от представлений о смерти — а она вот, уже здесь, прямо среди нас, и случается каждый день... Это одна из причин, по которой я решила опубликовать небольшую книгу, названную «Когда кто-то умирает». Она полна добрых советов о том, как пройти через это переживание. Все, что мы можем тут сделать, — это помочь друг другу. Протянуть руку и сказать: «Я здесь, чтобы помочь тебе».

Горе не утихает почти год. Вы должны пройти с ним через все четыре времени года, потому что было так много всего, что вы делали рядом и вместе с тем человеком, и каждый сезон несет с собой эти воспоминания...

Я часто слышала, как люди жалуются, что кто-то «делал все как надо», а все равно заболел, или кто-то «делал все как надо» и все равно умер. Подобное отношение можно выразить словами: «Зачем менять свою жизнь, если все равно умрешь?» Я думаю, что это очень ограниченный взгляд на вещи.

Все умирают... Это то, что многие из нас не хотят признавать. Деревья, животные, птицы, рыбы, реки и даже звезды — все умирают, так же как и мы. Я считаю, что мы все пришли на эту планету учиться и духовно расти. Когда заканчивается наш жизненный урок, мы уходим. Мы договорились об этом с нашей душой, которая знает, когда наступит подходящее время уйти.

Если мы смотрим на нашу жизнь с точки зрения жертвы и видим смерть как несчастье или наказание — тогда нас действительно ожидает чувство безнадежности. Однако умирание — это время духовного роста для нас, и наша цель не должна быть ограничена тем, чтобы добавить еще несколько дней или месяцев к нашей жизни. Какой смысл жить дольше, если мы не исправили качество нашей жизни?

Разрешение на смерть

Болезнь — это не неудача. Смерть — не провал. Это жизненный опыт. Смерть — это способ перехода в следующую фазу вечной жизни. «Трудясь над собой», то есть лучше заботясь о себе, учась избавляться от злобы, прощая остальных и себя, любя себя без всяких условий, мы получаем возможность пройти через болезнь и смерть спокойно и удобно.

Некоторые люди утверждают: «Если вы трудитесь над собой, то вы никогда не заболеете». Да, возможно: мы сумеем достичь состояния, когда не будем нести себе вред. Я слышала, как Далай-лама говорил: «Если мы достаточно любим, нам не требуются никакие тибетские травы». И все же, если мы действительно окажемся там в атмосфере всеобщей бескорыстной любви, нам, может быть, и не стоит задерживаться на этой планете, где все только учатся любить. Социально принятые способы ухода — это болезнь и смерть, и, как следствие, чтобы уйти, мы провоцируем болезнь и несчастные случаи.

Однако мы забываем о законах причины и следствия. Наши мысли, наши слова и наши действия исходят из нас и возвращаются к нам в виде событий. Внезапная болезнь может быть прообразом какой-то старой проблемы, вернувшейся к нам, и наш урок — это «как с ней справиться?» Неужели, мы немедленно вернем к жизни застарелое чувство вины? Станем ли мы наказывать себя, потому что у нас возникло неприятное переживание?

Каждый момент жизни — это время учебы и духовного роста. Если мы учились любить себя, то время от времени будем проверять, так ли это. Как мы узнаем, действительно ли любим себя, если не попадем в ситуацию, в которой раньше проклинали бы себя, а теперь стали нежными и любящими?

Я видела много больных, которые приходили ко мне одинокими, злыми и испуганными. Через несколько месяцев работы над собой они превращались в любящих и полных прощения людей. Затем у них происходил рецидив болезни, только на этот раз он проживался ими по-другому: они были намного спокойнее и даже нежнее с собой, они были окружены множеством заботливых людей, которые помогали им пройти через это испытание. Некоторые были вынуждены даже ограничивать число посетителей в больнице!

Я видела и умирающих, которые были поражены тем, как много рядом с ними друзей. Им надо было умереть, чтобы осознать, как много людей их действительно любят, как много людей хотят потратить свое время на заботу о них. Им пришлось заплатить за это понимание непоправимо огромную цену. А ведь они могли понять это намного раньше и более легким способом! Помните: любовь может прийти к нам в любое время. Мы в силах сделать наши жизни полнее и богаче прямо сейчас!

Болезнь — это не неудача. Смерть — это не провал. Это опыт, через который нам необходимо пройти. «Работать над собой» не означает, что у вас никогда не будет проблем, — это означает лишь то, что вы сможете легче пройти через эти переживания. Вместо того, чтобы воспринимать их как трагедии, вы увидите их как что-то очень простое и вполне разрешимое. Как бы вы ни любили себя, вы однажды покинете эту планету, и ваш психологический настрой в это время во многом будет связан с вашим желанием перед уходом решить все старые проблемы.

Чем быстрее мы решим наши старые проблемы — простим семью, примиримся с самими собой, полюбим себя или позволим другим любить нас — тем скорее мы станем наслаждаться жизнью.

Мы все пытаемся расширить наши представления о жизни, осознать метафизический путь восприятия. Мы делаем для этого все возможное, используя понимание, знания и внутреннюю мудрость, которыми обладаем на данный момент. Расти и духовно меняться — нелегкая задача: разум предпочитает дремать и будет хвататься за любую возможность сопротивляться новому способу мышления.

И все же вы можете контролировать свои мысли! Не позволяйте только рассудку руководить собой — мы не должны возвращаться к старому, отжившему только потому, что у нас рецидив болезни. Не позволяйте вашему разуму найти новый способ увильнуть от работы и вновь расстроить вас.

Пусть вашей целью станут спокойствие и улучшение качества жизни прямо сейчас, в данный момент: как мы сможем еще больше любить себя? Кого или что еще сможем мы простить? Я верю, что, покидая планету, мы берем с собой только способность любить. Так как же нам усилить эту способность?

Подобный вопрос особенно важен, если имеешь дело со СПИДом. Когда так много наших друзей умирают, как мы можем проявить эту любовь?

Имея дело со множеством смертей

Мы заметили, что люди из нашей группы поступают в больницу или покидают планету какими-то волнами: все идет спокойно, а затем внезапно несколько человек заболевают или один за другим умирают. Это всегда очень тяжело для группы. Мы радуемся, когда кому-то становится лучше, и мы сильно огорчены, когда приходится сталкиваться с очередным доказательством нашей уязвимости и смертности.

В наших сердцах снова появляется страх и гнев, и именно в эти мгновения очень помогает группа поддержки.

Джозеф Ваттимо, который работает в сотрудничестве со мной, иногда бывает просто переполнен эмоциями, так же как и я. Тогда мы буквально падаем друг другу в объятия и беспомощно рыдаем. Затем, отпустив чувства отчаяния и безнадежности, мы возвращаемся к работе.

Глядя на смерть, я заметила, что часто люди, которые уходят с болью и страданиями, — это те, у кого сильнее всего проявляются ненависть к себе и чувство вины. Вина и ненависть к себе часто идут рука об руку. Вина всегда ищет наказания, а наказание создает боль. Эти люди не захотели избавиться от боли в прошлом, к тому же у них сложилось ужасающее представление о том, что с ними произойдет, когда они покинут планету.

Если нас воспитывали в вере, которая говорит о «пылающем огне ада», тогда нам, скорее всего, будет очень страшно умирать. Я часто предлагаю больным прочитать книгу Раймонда Моуди «Жизнь после жизни». Те, кто пережил смерть и был реанимирован, описывают это как прекрасное переживание — спокойное и полное любви. Они говорят, что теперь не будут бояться смерти.

Те, кто уходит спокойно и с пониманием, обычно уже разрешили все свои проблемы. Они перебрали все старые обиды и решили простить их, они наладили отношения со своей семьей, и жили в мире с самими собой, они научились любить и принимать себя такими, какие они есть. У них сложилось позитивное представление о смерти, включая то, что их жизнь — всего лишь один из этапов в вечном пути по Вселенной.

Некоторые люди были полностью отвергнуты своими семьями и умерли в одиночестве и страхе, а ведь каждый человек в минуту стресса ждет своих маму и папу. Мы хотим, чтобы наши родители обняли нас и сказали, что все будет хорошо и нам ничто не грозит.

Здесь очень много добра может сделать группа поддержки, которая заменит семью этим людям. Мы вполне можем быть сами себе родителями.

Группа поддержки может также помочь семьям, которые испуганы, полны сомнений и, вероятно, ничего не знают о болезни. Если человек знает о СПИДе только то, что он читал и слышал в газетах и по телевидению, то он с полной безнадежностью смотрит на эту болезнь. Очень хорошо в этом случае побыть рядом с людьми, которые это чувство уже преодолели, пережили, — возможно, они смогут ответить на ваши вопросы.

Распоряжение о смерти

Здесь я хочу поговорить о распоряжении, в котором вы выражаете свою волю насчет того, как далеко может зайти больница в попытках поддержать ваше тело живым. Некоторые штаты признают эти распоряжения, некоторые нет.

Иногда тело доходит до той критической точки, когда ему больше не имеет смысла бороться за жизнь. В больницах же всегда найдется какой-нибудь способ заставить его прожить еще несколько часов или дней. Хотите ли вы этого? Вот вопрос, который стоит обдумать и решить, пока вы еще в хорошей форме. Если тянуть слишком долго, то вы можете оказаться уже не в состоянии что-либо решать.

Распоряжение о смерти также определяет того, кто может принять за вас подобное решение. Вообще-то лучше, чтобы это был ваш друг или любимый, который хорошо владеет ситуацией, а не взволнованный родитель, который только что прибыл и ничего не понимает.

Мы все умираем. Я верю, что мы умираем много раз, так же как мы много раз были рождены. Смерть — не стыд, наказание или несчастье. Мы — не такие уж плохие люди, если пытались исцелить наши тела, и все же покидаем нашу планету. Это естественный и нормальный способ уйти, так же как рождение — естественный и нормальный способ прийти в этот мир. Смерть зачастую намного легче, чем жизнь: мы отчаянно пробиваемся через родовые пути, чтобы оказаться в этом мире, — тихо отойти и скользнуть в Свет, когда умираем.

Я видела множество красивых и спокойных смертей. Это происходило у людей, которые решили все свои проблемы с другими и собой, кто уверен, что смерть — позитивный опыт. Они отчетливо видят Свет, когда готовы уйти, и знают, как много любви ожидает их там. Я видела также и смерти, полные боли, когда человек боится неизвестности и не хочет уходить. Возможно, эти люди верили в дьявола и вечный ад...

Если вы помогаете другу или любимому пройти через это совершенно особое испытание, сделайте все, чтобы оно стало для него радостью: слушайте его, позволяйте ему рассказывать вам все, что хочется. Будьте ему утешением.

Держите больных за руку, гладьте им ноги, говорите им, как сильно вы их любите. Расскажите, что они пройдут через Свет и будут встречены за чертой с Великой Любовью. Нет причины бояться смерти! Дайте им понять, что они изначально в безопасности.

Все мы приходим в середине фильма и в середине его уходим. Нет хорошего времени или плохого времени — есть только наше, данное нам время. Все подчиняется Небесному Порядку, все случается в определенной пространственно-временной последовательности. Мы никогда не теряем кого-то или что-то, потому что всегда на каком-то непостижимом уровне будем связаны с ними.

Помните о вашей любви и об этих связях, даже если вы горюете. Смерть не заканчивает наши отношения с тем человеком — напротив, пережив ее, мы способны духовно углубить свою жизнь и направить себя по пути понимания и любви.

Лечение

Сегодня еще один совершенный день на Земле. Мы проживем его с радостью. Хотя мы идем сейчас по Долине теней, мы спокойны, так как знаем, что и рождение, и смерть — естественные и нормальные составные части жизни. Сейчас мы окружены любовью, и когда мы покинем эту планету, нас проводят те, кто нас любит. В свою очередь, нас радостно встретят те, кого проводили мы, кто ждет, чтобы заключить нас в полные любви объятия.

Безусловная любовь простирается за пределы Вселенной и самой Смерти. Разум вечен, так же как и мы сами. Мы едины с той силой, что создала нас.

Мы спокойны, и все хорошо в нашем мире!

Глава двадцать третья
Альтернативные методы лечения

Аффирмация:

Я насыщаю мой организм любовью!

Если вы решились сделать все возможное, чтобы создать программу лечения, которая поможет вам в процессе вашего исцеления, есть несколько вещей, которые необходимо знать. Как уже было доказано, каждое тело отлично от другого, поэтому программа у разных людей будет разная. Сравните ее различные варианты, чтобы выбрать тот, который вам поможет. Да, вам придется потрудиться! Вы должны быть в контакте со своим телом и твердо решить, какой вариант программы подходит для вас лучше всего.

Если вы человек, который по-прежнему принимает легкие наркотики и большие дозы алкоголя, НАСТАЛО ВРЕМЯ ОСТАНОВИТЬСЯ! Вы должны вывести токсические вещества из своего организма. Эти вещества могут включать свободно продающиеся в аптеках лекарства, различные химикаты, инфекции и даже пищевые добавки.

Питание

Питание — жизненно важная составная часть вашего лечения. Для многих людей, выросших на стандартной американской пище, настоящим откровением стало знание о разрушительных или исцеляющих свойствах различных видов еды и напитков. Удобная в приготовлении пища, замороженные и консервированные продукты, продукты для микроволновой печи, продукты с красителями и консервантами могут быть разрушительными для тела. Эта пища не подходит даже здоровому человеку, потому что постепенно ослабляет его тело. Если же мы больны, она блокирует способность тела самоисцелиться.

Почти все диетологи согласны в том, что для улучшения питания надо ограничить себя в потреблении или даже совсем отказаться от сахара, всех прохладительных и газированных напитков, продуктов из пшеничной муки, молочных продуктов, мяса и еды, содержащей дрожжи, особенно если у вас грибковая инфекция: это либо мертвая, пустая пища, которая почти не имеет питательной ценности, либо пища, которая только усиливает заболевания.

Рекомендуется увеличить в питании долю сырой пищи, овощей, фруктов, цельных зерен (коричневый рис, ячневая крупа, овес, рожь, пшеница, гречиха, просо) и некоторых видов рыбы и птицы. Эти «живые» продукты содержат стимулирующие вещества, в которые входят все элементы, необходимые для ремонта и восстановления наших органов и клеток.

Чаще ешьте дома — любите себя настолько, чтобы самому себе готовить еду. В ресторане вы редко найдете здоровую еду. Питайте и снабжайте себя любовью и полноценной едой — вы стоите того.

Есть множество хороших книг, написанных на эту тему. Одна из лучших, на мой взгляд, — это книга Анны-Марии Колбин «Питание и лечение». Если вы всерьез решили уяснить связь между пищей и состоянием вашего организма, тогда начните с этой книги.

Витамины и минералы могут быть неплохим дополнением к нашему лечению. И все же, я бы не рекомендовала идти в аптеку и выбирать несколько на пробу. Вы должны обязательно проконсультироваться у хорошего диетолога или фитотерапевта и создать программу, приспособленную именно к вашему организму.

В Америке плохое питание сложилось исторически. Мы — второе поколение людей, живущих на «Великой Американской Диете», — так я называю искусственную пищу. Наша планета очень щедра на различные виды фруктов, овощей и зерен, но мы отвернулись от этих естественных продуктов и предпочли употреблять синтетическую еду. Многие люди считают вполне нормальным жить на сладостях и полуфабрикатах, которые почти не содержат необходимых питательных веществ.

Дети, выросшие на подобной «диете», сами выросли и родили детей. Сейчас и это второе поколение уже стало взрослым, а их иммунная система так сильна, как у людей двадцать пять лет назад.

Вы можете спросить: «Почему же тогда увеличивается продолжительность жизни?» Все это только благодаря возможностям медицинской индустрии, способной заставить тело функционировать дольше, чем в прежние времена, а вовсе не из-за хорошего питания.

Физически и психологически плохое питание становится еще одним стрессом в нашей жизни. Как часто мы смотрим на гамбургер и думаем: «О, ужас!» Мусор и есть мусор, и мы интуитивно сразу узнаем его.

Тело справляется с подобным стрессом только до какого-то определенного предела. Так вот, этот предел сейчас наступил. Нормальное, здоровое тело способно само о себе позаботиться, что отражается в реакциях нашей иммунной системы. Наша иммунная система создана для уничтожения чужаков, и если мы ослабляем ее алкоголем, наркотиками и плохой пищей, то тем самым открываем ворота для самого распространенного в данный момент заболевания.

Одновременно с тем, как стало нормой плохое питание, мы позволили «расплодиться» и наркотикам. Я никогда не могла понять, почему власти не задушили их распространения в зародыше! Сейчас же мы имеем тысячи наркоманов, которые пойдут на все, чтобы получить наркотики, включая воровство и убийство. Наркотики и алкоголь стали способом жизни для многих людей.

Возьмем группу молодых людей, которые страдают от всех проблем, известных и другим людям, и были научены родителями и обществом, что они недостаточно хороши и не могут восприниматься такими, какие они есть. У многих геев родители даже отказываются разговаривать с ними. Неудивительно, что гомосексуалисты бросаются в омут наркотиков и алкоголя. «Мне сказали, что я недостаточно хорош, поэтому не стоит переживать, давайте веселиться!» И они веселятся — круглые сутки.

История Альберта

«Я чувствовал себя очень плохо, когда пришел в тот день к врачу. Это был ноябрь 1984 года. В горле саднило, а язык был покрыт белым налетом.

Мой врач с неохотой согласился на бактериальный анализ, так как считал, что это лишняя трата моего времени и денег, но я настоял. Результат был положительный — к его и моему удивлению. В это же время я провел серию тестов, включая и тот на количество Т-клеток. Их показатель был 0.96 — не слишком ужасный, но все равно очень низкий. Я не хотел, чтобы он снижался.

Мой врач прописал мне противогрибковый препарат, и молочница прошла, но через несколько недель она вернулась.

За следующие девять месяцев я внес в свою жизнь несколько существенных изменений, которые повлекли за собой улучшение здоровья.

Я начал с питания, исключив сахар, мед и кукурузную патоку. Излишнее потребление сладкого всегда было моей проблемой, поэтому начало обнадеживало. Отсутствие сахара дало мне энергию. Я не употреблял алкоголь или наркотики в течение трех лет, в противном случае восстановление моего здоровья не было бы таким быстрым. Сейчас я ем цельную пищу, много овощей, фруктов, мяса птицы и зерен. Сухофрукты тоже полезны, особенно изюм, который хорош для крови и прекрасный источник железа.

Я пошел в аптеку и купил огромные количества витамина С (по 1500 мл) и принимал по одной дозе три раза в день, а утром принимал ложку ацидофилина, размешанную в чашке воды или сока.

Друг рассказал мне о семинарах по средам и пригласил меня с собой, чтобы я мог сам услышать о подходе Луизы Хей к хорошему здоровью и позитивному мышлению.

У меня есть много магнитофонных пленок, и я часто их слушаю. Я обнаружил, что они — замечательный источник спокойствия.

Здоровая пища, витамины и другие лекарства определенно подходили мне, но, что еще более важно, мне нужно было стать честным и сосредоточенным на себе человеком. Я должен был внести существенные изменения в мое отношение к жизни и здоровью. Группа Луизы Хей и книга „Ты можешь исцелить свою жизнь" научили меня делать позитивные аффирмации, и не только для здоровья. Работа с зеркалом и медитации также сыграли важную роль в моем лечении.

В августе 1985 я вернулся к своему врачу на обследование. Я больше не страдал молочницей, показатель Т-клеток у меня 1.9, и я даже сделал тест на ВИЧ, который был отрицательным.

Я благодарю Господа за многое в моей жизни — замечательную семью, которая принимает меня целиком, хороших друзей, работу, счастливое будущее. Но больше всего за то, что я впервые в жизни люблю и одобряю себя самого. Благодаря этому кажущемуся простым утверждению я сделал себе замечательную жизнь и хорошее здоровье».

Фитотерапия

Я заметила, что для каждого заболевания, которое может создать человеческое существо, есть лекарство в природе. Вопрос только в том, как его найти. Траволечение старо как мир. В наше время мы ушли от него, чтобы найти мгновенное облегчение симптомов продуктами фармацевтических компаний. Однако химические вещества часто имеют побочные эффекты, которые могут быть даже хуже, чем наша болезнь. Травы требуют большего времени, чтобы вылечиться, но они не просто подавляют симптомы: когда они начинают свою работу, тело возвращается к здоровью и равновесию.

Заболевание означает, что тело выведено из природного равновесия. Химические препараты не помогают исправить положение, а ведь именно дисбаланс и вызвал отклонения в здоровье. Лекарственные же травы имеют дело именно с причиной болезни, и когда они ее уничтожают, то пропадают и симптомы.

Я верю, что можно найти травы, которые помогут вылечить СПИД. Мы знаем, что есть травяные сборы, которые помогают при лечении рака. Надеюсь, что одна-две травы, добавленные к этому сбору, создадут природное средство против СПИДа.

Травы могут быть использованы для того, чтобы вывести из тела токсины, улучшить кровоснабжение, повысить тонус органов и выполнить множество других целительных дел. Травы работают медленнее, чем наши быстродействующие западные лекарства, однако они почти не имеют побочного действия и сражаются с первопричиной болезни. Поищите, вокруг есть много хороших фитотерапевтов!

Витамин C

Терапия с помощью витамина *C*, то есть прием массированных доз витамина, чтобы уничтожить аллергическую реакцию на лекарства и усилить защитные силы организма, может оказаться крайне полезной. Лайнус Полинг, выпустивший в 1970 году книгу «Витамин *C* и обычная простуда», был первым, кто предложил использовать огромные дозы витамина для лечения и профилактики заболеваний. В настоящее время я знаю врачей, с успехом работающих с больными СПИДом и использующих для лечения витамин *C*. Помните только, что если вы выбираете один из этих видов терапий, вы должны обратиться за помощью к профессионалу.

Гомеопатия

Гомеопатия применяется с конца восемнадцатого века. В начале нашего столетия она была широко распространена, но потеряла популярность с развитием современной аллопатической медицины. Английская королевская семья до сих пор признает только гомеопатию. Этот подход позволяет использовать естественные вещества, чтобы облегчить течение болезни.

«Гомо» и «гомео» — греческие корни для понятия «такой» или «подобный». Следовательно, гомеопатия — это лечение подобного подобным. Каждое заболевание имеет специфическую субстанцию для его лечения — ту, которая будет «действовать» так же, или является «подобной» самому заболеванию.

Лучше всего обратиться к опытному гомеопату. Если вы не можете найти такого, прочитайте книгу Даны Уллман «Популярный справочник по гомеопатической медицине» (1984).

Физические упражнения

Занятия спортом — еще одна положительная привычка, которую стоит развить. Создайте программу подходящую именно для вас. Упражнения стимулируют энергию тела. Если не переборщить, то они заставят вас чувствовать себя лучше. Вставайте и двигайтесь, если можете. Дома вы сможете делать простые упражнения и представлять себе, как вы выполняете нечто более сложное. Через какой-то период вы действительно сумете выносить эти более тяжелые нагрузки.

Помните: разум всегда влияет на тело, и упражнения, выполненные сначала в уме, будут поднимать вас, пока вы сами не сможете их выполнять на физическом уровне.

Акупунктура

Присмотритесь к иглоукалыванию. Акупунктура — это насчитывающая пять тысяч лет китайская система, основанная на знании о потоках энергии, идущих через тело. Когда мы больны, наша энергия застаивается. Есть очень много точек, которые могут усилить защитную систему организма. Акупунктура активирует вашу собственную систему исцеления. Я сама периодически пользуюсь ею, чтобы повысить общее самочувствие. Положительный эффект от иглоукалывания может включать увеличение энергии или улучшение дыхания, уменьшение размера лимфоузлов, облегчение ночных приступов потливости и прерывание злоупотреблений алкоголем или, наркотиками.

Работа с телом

Массаж. Разумеется, попробуйте и массаж. Многие из нас всегда носят с собой страх и напряжение. Массаж дает огромное расслабление, нашим телам и умам. В Сан-Франциско есть красивая женщина по имени Айрин Смит, которая посвятила себя последний год массажу только больных СПИДом. Сейчас она учит тех, кто хочет работать с тяжелобольными людьми. Сделайте массаж регулярным в вашей жизни. Если вы не можете найти или позволить себе профессионального массажиста, — занимайтесь с друзьями.

Рейки — это метод пропускания целительной Небесной Энергии через людей. Говоря проще, рейки — метод наложения рук. Наши руки — могучее оружие в процессе исцеления. Все, чего мы касаемся, чувствует на себе нашу энергию, и когда мы концентрируем ее на лечении, то выздоравливаем. Во время моих встреч по средам я всегда провожу сеансы рейки, в которых участвуют как профессионалы, так и обычные люди.

Трагер. Еще один вид терапии для тела. Созданная Милтоном Трагером, он представляет собой простую процедуру, включающую воздействие каждый раз только на одну часть тела. Например, если зло скопилось в руке, врач берет руку в свои ладони и крутит ее. Постепенно больной начинает избавляться от своей злобы. Так продолжается до тех пор, пока не будет уничтожено все плохое.

Рольфинг — более сложный подход. Это особые карты, которые показывают, где скопились эмоции: злость, ненависть и др. Затем путем усиленного массажа этой области и сокращения зоны до очень маленькой площади удаляются негативные чувства. Метод был разработан Идой Рольф, которая считает, что для излечения необходимы более интенсивные и сконцентрированные усилия.

Работа с сознанием

Исцеление с помощью драгоценных камней

Сила драгоценных камней известна тысячелетиями. От древних египтян и ученых Греции и Рима люди знают, что она помогает в духовном и физическом исцелении. Камни обычно хранят и усиливают мысли, свет и любой тип энергии.

Есть даже метод лечения с помощью драгоценных камней, когда на картах показано, какие камни надо подносить к какой части тела. Но самое главное здесь — это позитивные мысли о здоровье и благополучии: все, что вам надо от Вселенной. Считается, что ваш камень вберет в себя эту мысль, а затем усилит ее, передавая во Вселенную. Та же в свое время отразит эту мысль в вашем личном исцелении.

Настрой мыслей

Как мы уже не раз говорили в этой книге, ваш умственный настрой имеет крайне важное отношение к вашему эмоциональному самочувствию, которое в свою очередь влияет на лечение. Ваша программа должна включать изучение и работу над тем, как вы оцениваете ситуацию.

Найдите себе опытного наставника, который поможет поднять ваши негативные мысли в сознание и выразить их. Если не можете найти наставника, попросите друга или вашу группу поддержки. Если рядом никого нет, воспользуйтесь зеркалом. Поговорите с вашим зеркальным отражением, избавьтесь от своих обид и страхов и выкажите свою любовь и радость. Иногда мы должны быть сами себе наставниками.

Одновременно найдите кого-то, кому вы можете помочь — не замыкайтесь в себе! Помощь другому человеку принесет благо вам обоим. Это может быть кто-то в вашей группе поддержки, это может быть и одинокий человек. Неважно, каково ваше состояние, сделайте что-то для другого. Обычный телефонный звонок может многое означать для страдающей души.

Лечение

Сегодня еще один совершенный день на Земле. Мы проживем его с радостью. Духовная пища, которую требуют наши тела и души, это постоянный поток любви. Я проявляю любовь к себе в панораме дней. Я вижу, что эта любовь выражается в том выборе, который я делаю. Я чувствую это в той любви, которой я окружаю себя. Я люблю себя настолько, чтобы есть только питательные пищу и напитки. Я люблю себя достаточно, чтобы «сесть на диету» из позитивных мыслей и действий. Я несу себе помощь для каждой грани моей жизни. Мы едины с той силой, что создала нас.

Мы спокойны, и все хорошо в нашем мире!

Глава двадцать четвертая
Система поддержки

Аффирмация:

Мы любим и поддерживаем друг друга!

Когда разразилась эпидемия СПИДа, я увидела, как сплотилась община гомосексуалистов, чтобы помочь своим братьям и сестрам. Различные центры по СПИДу работают невероятно много и открывают сердца, чтобы закрыть бреши, оставленные правительством и церковью. Люди с гомосексуальной ориентацией понимают, как глубоко они способны любить. Нам, роду человеческому, часто требуется война или трагедия, чтобы объединить нас и выявить в нас лучшее. Сейчас действительно время войны — войны против нашего самого большого страха — страха перед неизвестностью.

Группы поддержки — это одно из самого важного, что у нас есть, особенно когда мы оказываемся в сложной ситуации. Нам всем и всегда нужны любовь и поддержка, однако когда сталкиваешься с чем-то, что кажется непреодолимым препятствием, группа поддержки жизненно необходима. Это могут быть просто три друга, которые собрались вместе, или же нечто подобное моей группе, куда входят более шестисот человек. Но большая это группа или маленькая, принципы ее действия одни и те же. Я не была специалистом, когда основала свою группу, но за эти годы я выучила несколько простых правил, которые вы должны помнить, если хотите создать свою группу.

Как создать группу поддержки

Как начать? Просто собрать двух или трех друзей и следовать их советам. Если вы сделаете это с любовью в сердце, ваша группа будет расти: людей будет тянуть к вам словно магнитом. Не беспокойтесь о помещении для встреч, когда вас станет много, — Вселенная найдет ответ на этот вопрос. Напишите мне в офис. Мы посоветуем как работать вашей группе.

1. Если группа довольно мала, пусть все вначале представятся и расскажут почему они здесь.

2. Не тратьте время на игру «не правда ли, это ужасно?». Вы уже и так слишком много слышали подобной ерунды.

3. Собирайте положительную информацию о заболевании. Копируйте материалы и раздавайте их членам группы.

4. Выслушивайте друг друга. Давайте каждому человеку время поучаствовать, если он хочет.

5. Когда кто-то сталкивается с проблемой, объединяйте ваши возможности, чтобы помочь ему найти позитивный выход.

6. Занимайтесь аффирмациями, создавайте их для особых ситуаций. Например, вы можете создавать аффирмации, чтобы увеличить количество Т-клеток, — это объединит ваши умы конструктивным, позитивным способом.

7. Делайте каждый раз визуализации. Пусть их ведут разные люди. Визуализации могут быть спонтанными, или на основе прочитанного материала, или вы можете проиграть кассету. Удостоверьтесь, что вы расслаблены, когда начинаете занятие.

Хей-рейды

В моей собственной группе поддержки мы начинаем с приветствия. Затем отводим около десяти минут на объявления, после чего выключаем свет и поем в течение пяти минут; потом следует медитация.

После медитации начинают работать лечебные столы. У нас есть несколько раскладных столов и несколько кушеток для массажа. Человек, который хочет получить целительную энергию, ложится на стол, а другие его окружают, опуская руки на его тело. У нас есть несколько специалистов по рейки, которые всегда с готовностью предлагают свои руки. Эти столы действуют в течение всего семинара, и те, кто на них лежат, слышат все, что говорится рядом.

Открытая дискуссия

Затем я немного рассказываю о теме сегодняшнего вечера, и мы открываем дискуссию. Люди могут либо комментировать то, о чем шла речь, либо делиться своим опытом по этой проблеме. Они могут задавать вопросы или рассказывать что-то. Обсуждение может идти в любом направлении. Я думаю, что именно наша открытость превращает вечер в то, что нам надо.

Мы концентрируемся на принципах, которым я учу. Мы подходим к жизни с той точки зрения, что каждый человек в силах провести позитивные изменения в своей жизни. Способам, как этого добиться, и посвящены наши встречи. Мы очень много занимаемся уничтожением злобы, прощением и, разумеется, тем, как еще больше любить себя. Мы решили не обращать внимания на негативную информацию о СПИДе — читаем об этом как можно меньше и не забываем говорить себе: «Неправда, что от СПИДа все умирают, — я знаю людей, которые живы и исцелили себя». Мы не хотим поддаваться тем, кто настроен считать СПИД смертельным заболеванием, но мы и не спорим с ними. Благословите средства массовой информации любовью и знайте, что они не имеют власти над вами. Мы сами принимаем решения, чему верить. Мы верим в жизнь, любовь и исцеление.

К концу встречи мы занимаемся исцелением. Мы сдвигаем кресла к одной стене, затем или садимся в огромный круг на полу, держась за руки и занимаясь визуализацией, или выполняем то, что называем «целительными триадами».

Целительные триады

Целительные триады — это три человека, которые сидят рядом, сняв обувь. Затем один человек ложится, второй сидит у его головы, а оставшийся — у его ног. Сделайте так, чтобы лежащему было удобно, — например, подложите ему под голову подушку или даже положите его голову себе на колени. Мы гасим свет и включаем каждый раз одну и ту же музыку. Я пользуюсь «Бамбуковой флейтой», так как она обладает определенными характеристиками, которые я связываю с исцелением. Мы сосредоточиваемся, глубоко вздохнув несколько раз, а затем проговариваем три «ом», этот древний целительный звук.

Двое сидящих трут руки, пока не почувствуют в пальцах тепло и покалывание. Затем они кладут руки на лежащего человека и просто посылают ему любовь и целительную энергию. Они находятся в этой позиции от пяти до десяти минут, в течение которых я даю задание на медитацию или визуализацию. Я использую фразы «и так оно есть», и «так оно будет», чтобы завершить каждый сеанс. Затем они меняют положение — так, чтобы каждый побывал в каждой позиции. В конце третьей медитации мы еще раз поем три «ом», чтобы завершить цикл.

Затем мы садимся, беремся за руки и поем нашу песню, которой заканчиваем вечер с самой первой встречи. Она называется «Я люблю себя», и написал ее Джей Джозеф. Слова настолько подходят нам, что эта песня стала буквально нашим гимном.

Создавая целительный круг

Мой друг из Нью-Йорка Сэмюэль Киршнер ведет другую группу, которая называется «Целительный круг». Ниже я привожу несколько цитат из его инструкции, как создавать целительный круг.

«В основе целительного круга лежит жажда духовного роста и поиск того, как усилить и обогатить этот рост. Это поиск безопасного и изобильного пространства.

Пространство имеет очень близкое отношение к целительному кругу. Круг — это такая мощная геометрическая фигура, гибкая и в то же время незыблемая, непрерывная и в то же время включающая все, способная к бесконечному расширению — и все же устойчивая, сильная и надежная. Круг не заставляет людей выстраиваться в линию и не угрожает им множеством острых углов. Круг — это питающая фигура, это куколка, где мы все начинаем расти и узнавать наш первый урок любви.

После семинара Луизы Хей три года назад некоторые из нас почувствовали необходимость в чем-то подобном, чтобы поддерживать и продолжать любить себя. Сейчас я не могу представить себе жизнь без этой группы. Некоторые стали моими любимыми, другие — моими друзьями. Каждую неделю я чувствую, как растет мое стремление в круг, чтобы мы снова могли быть вместе, и я получил бы еще один заряд целительной энергии.

В нашем круге мы можем взять энергию, генерируемую группой, и проецировать ее через город к другим людям, которые слишком больны, чтобы прийти, или к медицинским работникам, когда тем грозит переутомление.

Начиная. Что основное? Как создать пространство, которое поддерживает в людях чувство целостности? Что такое целительный круг, как он себя подпитывает, одновременно служа местом для обмена информации и мыслей? Единственная цель круга — вдохновить участников, чтобы они приняли ответственность за свое исцеление и свою жизнь. Он создает позитивную и полную любви атмосферу, которая разрушает все барьеры, в которой все может быть сказано и где заканчивается изоляция.

Участники. Общение — краеугольный камень образования круга. Наберитесь мужества, чтобы поднять телефон или устроить обед, или появиться в другой социальной группе и сказать: «Мне нужна поддержка моих друзей, и я бы, в свою очередь, хотел оказывать поддержку людям». Сделайте этот первый шаг, черпайте мужество в любви друзей и коллег и доверяйте Вселенной в том, что ничего плохого не произойдет, если вы будете следовать своей интуиции. Бюллетени для больных, другие группы поддержки, такие как АА (Анонимные алкоголики) и медицинские работники — все они помогут вам войти в контакт с другими людьми.

Атмосфера. Вначале найти свое пространство означает найти человека с достаточно большой гостиной, чтобы вместить ваших друзей по кругу. Приглядитесь к освещению, теплоснабжению и к тому, как их регулировать, если вы сидите в кругу, к форме и высоте комнаты, ее вентиляции, растениям и личности, которую эта комната привнесет в группу. Оплата своего пространства может быть самым серьезным расходом целительного круга. Финансирование его должно проводиться, не беспокоя тех, кто не в состоянии платить.

Завершение круга. Отгораживание пространства начинается с того, что все берутся за руки и вместе дышат, что объединяет энергию круга.

Подходит ли это для многих людей? То, что помогает двоим, поможет и другим.

В больших группах заранее заданная тема занятия поможет направить в нужное русло поток энергии и внимания и стимулировать комментарии людей, которые раньше боялись разделить свой страх.

Визуализации. Направленная на глубинное пространство исцеления, визуализация обращается к прощению, благодарности, радости и поиску высшего «Я». Рекомендуется проводить визуализации по крайней мере по одному разу каждый вечер.

Рассказы о себе. Что происходит в жизни людей, которые вошли в эту дверь? Почему они здесь? Что они надеются вынести из этого переживания? Научились ли они чему-то за время работы?

Музыка. Музыка открывает сердца, влияет на дыхание и объединяет энергию группы. Она часто сразу же оказывает лечебный эффект. Выбор может быть разный, но любая спокойная музыка может использоваться как фон, а простые зажигательные песенки отлично помогут вновь пришедшим. Особенно я рекомендую «Песни-аффирмации» Луизы Хей.

Движения. В середине вечера люди устают, и желательно физически встряхнуться. В этот момент включается веселая танцевальная музыка. Всех просят встать и двигаться так, как хочется.

Формы исцеления. Здесь мы говорим о фитотерапии, гомеопатии, акупунктуре, работе с телом, питании, лечении вашего отношения к жизни, повторном рождении и многом другом. Круг — это место обмена информацией о способах лечения, которые попробовал каждый человек. Это также место, чтобы рассказывать о великолепных врачах и поддерживать работников здравоохранения в их работе.

Философия. Философия, лежащая в основе целительного круга — это представление о реальности, которую создает сам человек. Мы все отвечаем за свою жизнь и, таким образом, получаем возможность для духовного роста. Мы передаем слова надежды и исцеления всем, и особенно больным СПИДом. Мы считаем своей привилегией делить время и пространство с людьми, которые выбрали такой мужественный путь. Мы уважаем и почитаем этот особый путь и поддерживаем их и себя в том, чтобы подняться над страхом и паникой, которую распространяют газеты и телевидение. Мы — существа любви и света — не ограничены в нашей способности исцелять свои жизни.

Объятия

Последнее по порядку, но не по значимости, на моих семинарах, это — «время объятий». Я предлагаю, чтобы люди обняли как можно больше других людей. Это также время поговорить друг с другом или со мной.

Мы хотим, чтобы люди уходили из группы поддержки, чувствуя себя лучше, чем когда они пришли к нам. Здесь они испытывают душевный подъем, и это чувство может длиться неделями. Они встречают друзей, с которыми потом могут перезваниваться или встречаться. Иногда два или три предложения по телефону могут сыграть существенную роль в вашей жизни. Поэтому группа несет помощь и поддержку людям, которая им нужна каждый день. В нашей группе вы можете попросить все что угодно, и мы по возможности дадим вам это.

У нас есть команда, которая посещает наших членов, нуждающихся в утешении и смехе. Мы собираем пищу для программы помощи больным, которые не могут оплатить даже жизненно нужные вещи. Люди часто предлагают свою помощь, и это может быть все что угодно, начиная от предложения убраться в доме до бесплатной стрижки. Возможности безграничны.

Игрушечные мишки

Когда мы были очень маленькими, плюшевые мишки были нашими лучшими друзьями. Мы могли поведать им все секреты, а они никогда не фыркали на нас. Они дарили нам бескорыстную любовь и всегда помогали уладить наши проблемы. Когда мы вырастаем и сталкиваемся с проблемами, ребенок внутри нас пугается, так что игрушечный медвежонок может оказаться крайне полезным, чтобы успокоить нас. Я хотела бы видеть на каждой больничной кровати по медвежонку.

Один врач в Нью-Йорке жалуется, что я учу взрослых мужчин инфантильному поведению, предлагая им держать у себя плюшевых медвежат. У меня такое ощущение, что этот человек был лишен детства. Сейчас медицинское общество начинает признавать пользу от подобного «лекарства». В одной из больниц Нью-Йорка каждый больной, который перенес аорто-коронарное шунтирование, получает медвежонка. Игрушка служит двум целям. Когда больной чувствует позыв кашлянуть, он должен сжать медвежонка, чтобы предотвратить расхождение швов. Кроме того, игрушечный мишка несет им чувство любви и безопасности.

Лечение

Сегодня еще один совершенный день на Земле. Мы проживем его с радостью. Я знаю, что я не один на этой планете. Каждый человек, место или предмет связаны друг с другом. Что вредит одному, вредит всем нам. Следовательно, что лечит одного, может лечить всех нас. Мы хотим любить и поддерживать друг друга и этим помогаем исцелить всю планету. Мы олицетворяем любовь, мы делимся любовью, и нас исцеляет любовь.

Сегодняшний день содержит для нас только приятные переживания. Мы едины с той силой, что создала нас.

Мы спокойны, и все хорошо в нашем мире!

Глава двадцать пятая
Исцеляем планету

Аффирмация:

Мы представляем себе наше полное исцеление!

Планета подошла к перекрестку, на котором сошлись люди, по-разному принимающие жизнь.

С одной стороны те, кто выбирает тьму вокруг себя. Они живут в страхе и ненависти и видят только плохое. Широко распространены наркотики, войны, пытки, гнет и голод. Есть те, кто предсказывает ядерный конец жизни на Земле.

С другой стороны, есть много людей с просветленным сознанием. Люди собираются вместе, чтобы понять, как работает мысль. Они хотят узнать больше и любить больше, чтобы улучшить качество всех наших жизней, спасти и исцелить планету.

Те из нас, кто в это воплощение выбрал жизнь гомосексуалиста, тоже выбрали на глубинном уровне желание участвовать в исцелении планеты.

* * *

Каждый человек на этой планете ценен по-своему. И только наша ненависть к себе создает все проблемы. Микрокосм всегда «работает» и проявляет свою позитивность или негативность в макрокосме. Всегда, во всех странах были группы людей, которые говорили другим группам, что те недостаточно хороши. Подобное желание унизить обычно свойственно напуганным и плохо думающим о себе людям, и оно никогда не несло здоровья для нашей планеты.

Как я уже говорила много раз, когда мы на самом деле любим себя, мы не можем причинить боль себе и не можем причинить боль другому человеку. Для меня — это единственный путь к миру на планете. Безусловная любовь — это цель, ради которой мы все пришли на Землю, и она начинается с принятия себя и любви к себе.

Что сказать о больных СПИДом гетеросексуалах? Какую роль они играют в великой схеме исцеления планеты?

Эти люди часто недоедают, так что их тела находятся в ослабленном состоянии. Они могут быть наркоманами или алкоголиками, но в одном я уверена: у них очень много ненависти, много злобы и отсутствует любовь к себе.

Подобный недостаток любви к себе создает атмосферу, в которой люди могут оскорблять друг друга и себя. Если мы верим, что мы плохие и полны чувства вины, тогда мы должны найти способ наказать себя. А лучший способ наказания — насилие над своим телом?

Люди обычно не говорят: «Я хочу заболеть СПИДом». Они просто неосознанно создают условия внутри и вокруг себя, которые восприимчивы к болезни. СПИД — это самое популярное на данный момент заболевание.

СПИД пришел ниоткуда и вернется в никуда, когда он нам больше не будет нужен. Все эпидемии проходили со временем, и мы получали уроки как на уровне одного человека, так и всей планеты в целом.

* * *

Как я уже говорила раньше, у меня нет всех ответов о таком заболевании как СПИД. Это многогранное событие, которое вовлекает целую планету.

В нашей группе поддержки мы решили не тратить время на новые сообщения о СПИДе. Мы читаем как можно меньше и не забываем сказать себе: «Это неправда, что все умирают. Я знаю людей, которые живы и исцелились». Мы не хотим поддаваться тем, кто решил видеть СПИД как смертельное заболевание. Благословите газеты и телевидение любовью и знайте, что они не властны над нами. Мы сами принимаем решение во что верить. Мы верим в жизнь, любовь и исцеление.

И поэтому, как вы видите, как бы мне ни хотелось, я не владею единственным ответом, как вылечить все случаи СПИДа. Я могу только помочь вам улучшить качество вашей жизни. Любое лечение — это самоисцеление. Врач, медсестра, целители — все владеют различными методами и различными подходами к исцелению вашего тела, то только вы — тот единственный человек, кто решает, подходят вам эти методы или нет.

Если вы приняли решение остаться на планете и поправиться, тогда посвятите всего себя исцелению. Будьте полностью поглощены этим. Вам может даже понравиться ваш новый образ жизни. Если вы действительно хотите жить хорошо, вы никогда не вернетесь к старым способам насилия над собой.

Возможно, на каком-то глубинном уровне вы уже приняли решение покинуть планету, возможно, ваш урок уже закончен и вы подсознательно не хотите, чтобы сработал какой-то из этих методов лечения. Но какое бы решение вы не приняли, оно вам исключительно подходит. Мы здесь не для того, чтобы радовать других людей и жить вашу жизнь, как они считают нужным. Мы находимся на своем собственном пути и работаем на своем собственном уровне. Мы здесь, чтобы расти и принимать понимание, сопереживание и любовь. Когда мы закончим свой урок, мы уйдем. Это может быть раньше, это может быть позже, но когда бы это ни случилось, пусть это будет мирным и спокойным путешествием.

Продолжайте учиться любить себя. Позвольте этой любви охватить и других людей. Подарите им безоговорочную любовь, которую вы хотите найти для себя. Делайте все возможное, чтобы быть счастливым и несите эту радость в каждую область вашей жизни!

Лечение

Сегодня еще один совершенный день на Земле. Мы проживем его с радостью. Целостность — вот мой идеал. Я не соглашусь ни на что меньшее. Я един с каждым человеком, местом и вещью на этой планете. Я хочу помочь сделать этот мир безопасным для любви, где нас любят и принимают такими, как мы есть, и поддерживают, чтобы мы могли стать всем, чем мы можем. Я вижу в людях самое лучшее и помогаю проявить их самые лучшие черты. Любовь, которую я отдаю, я найду везде, где бы я не оказался.

Я вижу наш мир с плодородными землями, чистой свежей водой, чистым воздухом, сытыми людьми. Я вижу спокойных, благополучных, здоровых и свободных людей. Мы все целостные и завершенные личности.

Я живу в гармонии с самим собой и тем миром, который я представляю. Мы едины с той силой, что создала нас.

Мы спокойны, и все хорошо в нашем мире!

Я люблю вас!

Содержание